A SUPERVISÃO (CONTROLE)
NA FORMAÇÃO DO PSICANALISTA

A SUPERVISÃO (CONTROLE)
NA FORMAÇÃO DO PSICANALISTA

Rômulo Ferreira da Silva

Coleção BIP
Biblioteca do Instituto de Psicanálise

© Relicário Edições
© Rômulo Ferreira da Silva

Dados Internacionais de Catalogação na Publicação (CIP) de acordo com ISBD

S586s

 Silva, Rômulo Ferreira da

 A supervisão (controle) na formação do psicanalista / Rômulo Ferreira da Silva. - Belo Horizonte, MG : Relicário, 2019.

 204 p. ; 14cm x 21cm. – (Coleção BIP – Biblioteca do Instituto de Psicanálise) Inclui bibliografia e índice.

 ISBN: 978-85-66786-99-6

 1. Psicanálise. 2. Clínica psicanalítica. 3. Teoria psicanalítica. 4. Supervisão. 5. Freud. 6. Lacan. I. Título. III. Série.

	CDD 150.195
2019-1400	CDU 159.964.2

Elaborado por Vagner Rodolfo da Silva - CRB-8/9410

COLEÇÃO BIP – BIBLIOTECA DO INSTITUTO DE PSICANÁLISE
DIREÇÃO Ana Lydia Santiago

CONSELHO EDITORIAL

Antonio Beneti
Elisa Alvarenga
Francisco Paes Barreto
Sérgio Laia

COORDENAÇÃO EDITORIAL Maíra Nassif Passos
CAPA Ana C. Bahia
DIAGRAMAÇÃO Ana C. Bahia
REVISÃO Virgínia Junqueira

RELICÁRIO EDIÇÕES
www.relicarioedicoes.com
contato@relicarioedicoes.com

SUMÁRIO

Apresentação 7

Prefácio 11

Nota do autor 19

I. PRÉ-HISTÓRIA E HISTÓRIA DA SUPERVISÃO 25

A supervisão na correspondência de Freud com Fliess 26

Supervisão da análise pessoal 30

Supervisão da formação/construção teórica 36

Para que se supervisionar? 47

A supervisão na correspondência de Freud com Ferenczi 71

Sobre a contratransferência 74

IPA: da supervisão como formação à análise da contratransferência 76

Controle ou supervisão: discussão linguística ou conceitual? 81

II. LACAN: FORMAÇÃO E POLÍTICA DA PSICANÁLISE 83

Referências explícitas à supervisão em Lacan 85

Nos textos: a supervisão concerne à prática clínica e à instituição 86

Nos seminários: conduzir o rinoceronte ao sinthoma 99

Referências implícitas sobre a supervisão em Lacan 111

Crise na Sociedade Psicanalítica de Paris: controle interno da instituição 111

A direção do tratamento: não à relação dual; rumo ao final 114

III. **A PRÁTICA DE SUPERVISÃO NAS INSTITUIÇÕES** 129

Psicoterapia institucional, um tratamento da instituição 131

Psicanálise aplicada *versus* psicoterapia 132

A supervisão clínica na instituição 133

CAPS, uma alternativa à internação 135

A supervisão no CAPS-Perdizes 136

A supervisão no hospital Dr. Cândido Ferreira e suas 5 equipes 140

Rede de Saberes: uma nova relação com o saber 145

A supervisão: motor da reformulação de uma rede de atendimento 147

A primeira apresentação de doenças 149

Sem standard, mas não sem princípios 154

IV. **FORMAÇÃO E RESPONSABILIDADE DO PSICANALISTA** 157

Perguntas sobre a prática da supervisão 158

Por que continuamos a supervisionar? 163

V. **CONCLUSÃO** 179

Notas 191

APRESENTAÇÃO

por Jésus Santiago

Nem sempre uma pesquisa efetuada no domínio de um doutorado contém uma tese no sentido estrito do termo. Muitas vezes tal pesquisa pode assumir um valor enciclopédico, dissertativo e mesmo monográfico sobre um objeto de investigação determinado, sem gerar, propriamente falando, uma tese. Para além do problema de constituir-se segundo perspectiva hipotético-dedutiva, cujo acento recai sobre a atividade conjectural, e não sobre enunciados descritivos e observacionais, uma tese supõe, antes de tudo, uma solução para um problema que se mostra em franco diálogo com a experiência que se promove nos diversos campos do saber.

Qual é a solução que Rômulo Ferreira da Silva propõe ao problema da *supervisão* no âmbito da psicanálise? A meu ver, em *A supervisão na formação do psicanalista* há uma tese que se desenvolve em torno da ideia de que a supervisão se dirige para o controle da relação que o *supervisionando* estabelece com a psicanálise por meio do trabalho analítico concernente ao caso clínico. Com efeito, é importante destacar que a supervisão não se confunde com o trabalho de construção do caso clínico. Não se recusa a possibilidade de a supervisão visar a essa construção, incluindo elementos que remontam à tradição do saber psicanalítico relacionados aos pontos-chave do caso. Um analista praticante pode se endereçar ao supervisor movido por uma dificuldade com o diagnóstico, dificuldade que, como se sabe, tem consequências sobre a direção do tratamento. Porém, segundo uma outra perspectiva, é possível dizer que a supervisão deve incidir sobre o supervisionando, sobretudo quando a posição subjetiva deste se apresenta em dificuldade para a leitura do caso e para a consequente produção do ato analítico. Considera-se que, nesses casos, é insuficiente o necessário encaminhamento para a experiência da análise com o intuito de que o tratamento possa ter lugar em condições mais favoráveis.

Com efeito, poder-se-á constatar, neste livro, como a supervisão se inscreve como elemento da formação do analista, mais além das dificuldades e empecilhos da prática clínica cotidiana. De modo algum se restringe a uma questão de transmissão de um saber técnico sobre o tratamento analítico. Eis então a tese de Rômulo Ferreira, a saber, o fundamento último da supervisão é o controle da relação singular que cada praticante estabelece com a causa analítica. Em definitivo, é a psicanálise como discurso que está em questão, ou seja, o próprio destino da experiência para o sujeito que se tornou psicanalista.

É diante disso que o autor se propõe a desenvolver uma concepção surpreendente da supervisão na medida em que a aproxima do dispositivo de verificação do final de análise, proposto por Lacan, que é o Passe. A primeira consequência que se deduz dessa aproximação é a postulação da transferência como o ponto nodal e privilegiado dessa modalidade da prática analítica. Com Lacan, afirma-se assim que "(...) a transferência com o supervisor se revela tão importante como aquela com o analista"[1]. Nessa concepção, nota-se o deslocamento de uma prática baseada sobre a relação *supervisor/supervisionando* à relação *analista/analisante*. Porém, isso não quer dizer que haja uma espécie de reducionismo entre a experiência da análise e a prática da supervisão. Ao contrário, o fato de que a supervisão esteja inserida no horizonte da *psicanálise pura* e, portanto, confrontada com a questão do final de análise, faz com que ela assuma um caráter mais amplo e abrangente de uma tal maneira, que se torna um aspecto capital de política lacaniana, sobretudo quando se apresenta endereçada a uma comunidade analítica em geral.

Valorizar o lado ético da supervisão em detrimento de sua dimensão técnica certamente engaja o psicanalista em uma batalha política, como aconteceu com Lacan no tocante a uma orientação para a formação analítica. Contudo, como se pode esclarecer o fator decisivo em torno do qual tem lugar essa batalha política relativa à formação analítica? A resposta se configura pela própria definição da supervisão como "filtro" ou "refrator do discurso do sujeito"[2], que aparece muito cedo nos escritos de Lacan. Em *Função e campo da fala e da linguagem*, ele explicita o problema com alguma ironia, ao mostrar que a supervisão não deveria se "harmonizar com uma concepção da formação analítica que seja a de uma auto-escola que, não satisfeita em aspirar ao privilégio singular de entregar a carteira de habilitação, se imaginasse em condições de controlar a construção automobilística"[3]. Ora, confundir a formação analítica com a de uma autoescola que teria a pretensão não apenas de emitir a habilitação, mas de controlar a construção do veículo, é um contrasenso que compromete e questiona a existência mesma da psicanálise como ciência do singular. Ou seja, a supervisão permite o controle da relação do praticante com o discurso analítico, porém não é sua função produzir o psicanalista. O psicanalista munido da ética da psicanálise se produz no âmbito da experiência do sujeito com o inconsciente e, em definitivo, precede e antecipa o surgimento da supervisão tal como ela se faz presente no terreno da psicanálise. Se não se admite essa orientação, corre-se o risco de deixar o funcionamento da psicanálise depender do social e de sua "aplicação terapêutica" no registro estrito da saúde mental e, por consequência, desconfigurá-la de sua especificidade como discurso.

É nesse sentido que o autor sugere como uma das contribuições essenciais do livro a proposição de uma distinção entre entre *controle* (termo empregado na França) e *supervisão* (termo utilizado no Brasil) não apenas no meio psicanalítico, mas também em contextos diversos e variados da saúde mental. O material clínico que se extrai desses contextos mostra bem como a supervisão está totalmente centrada sobre o diagnóstico e sobre o manejo da transferência e do tratamento, mas também visa sobremaneira ao funcionamento institucional do serviço que a acolhe. A incidência da supervisão na organização e funcionamento do serviço mostra-se bastante instrutiva para a sequência do tratamento e orientação do caso.

Não se recusa admitir que essa orientação clínica tenha toda a sua importância para a confrontação necessária da psicanálise com as exigências das diversas expressões do mestre contemporâneo. Com isso, quer-se demonstrar que é preciso ter toda cautela em instalar a *supervisão* apenas do lado da força contagiosa da *psicanálise aplicada.* Vale dizer que a *supervisão* não pode favorecer essa tendência quase espontânea do social de buscar influir e intervir sobre o funcionamento da psicanálise. Enfim, a tese central deste livro é a de que a *supervisão* não é o lugar privilegiado para controlar a psicanálise em geral, tampouco a formação analítica. Isso porque, enquanto ciência do singular, a psicanálise se define por sua dimensão ética própria, não redutível ao conjunto de regras técnicas que lhe são inerentes.

PREFÁCIO
SE FORMAR, SE FLEXIBILIZAR

por Christiane Alberti

A formação e o atual do sintoma

A ambição do trabalho de Rômulo Ferreira da Silva é tratar de uma problemática cujo cerne é crucial no plano epistêmico, por um lado, e no plano ético e político, por outro, para a disciplina que é a psicanálise. O enraizamento deste trabalho em uma prática singular é, aqui, a via necessária para demonstrar como a supervisão forma, com a análise pessoal e com a formação teórica, um dos três pilares da formação do psicanalista.

Trata-se também de um escrito de intervenção na atualidade, pois faz ouvir uma voz no campo da garantia da prática da psicanálise, que está longe de ser dominante. No entanto, é crucial em um contexto em que, por um lado, a exigência de segurança do público é mais atual do que nunca e, por outro, a referência às boas práticas protocolizadas está em vias de dominar todo o campo clínico.

Nesse contexto, é preciso salientar uma das contribuições mais importantes desta obra, que é propor uma extensão da supervisão à prática da instituição de saúde pública, em um dado contexto do Brasil. A originalidade dessa iniciativa está em acentuar a supervisão não apenas para fins de elucidação clínica, mas também de impacto institucional.

Lacan trabalhou muito para fazer existir a psicanálise no presente, nas condições do presente, para se colocar no passo da época, no gosto dos homens de hoje, da subjetividade própria ao momento atual. É essa orientação que deve guiar nossa reflexão sobre a garantia. Parece importante situar o contexto no qual se desenvolve a formação dos analistas, caso queiram ofertar uma formação que esteja à altura da época. Se o psicanalista está concernido pela questão propriamente política, é porque não se poderia saber da experiência e da prática da psicanálise exterior a esse terreno.

No enodamento do individual e do coletivo, a prática do psicanalista é atingida pela devastação contemporânea.

Sempre convém, como faz Rômulo, situar a garantia na cidade que nos cerca, no lugar de um campo institucional mais amplo (educação, saúde, universidades), onde as lutas para que subsista uma referência à psicanálise estejam em vias de se instalar duravelmente.

Uma estrutura quaternária

Deve-se degustar aqui o retorno às fontes realizado neste livro, que nos permite evidenciar textos passados despercebidos, como, por exemplo, o de Freud sobre a associação livre e sua incidência sobre a supervisão[1]. Longe de se reduzir a um comentário textual, a leitura que nos propõe o autor constitui um verdadeiro trabalho de interpretação, que traz um surpreendente frescor e torna luminosos antigos textos, de mais de um século. O relato da primeira supervisão na história da psicanálise, no qual era Freud o supervisionando, e Fliess o supervisor, é então de um sabor absolutamente original. Essa pré-história da supervisão, cujo termo foi apresentado por Freud em 1919, fez aparecer claramente a necessidade de Freud de um interlocutor para aprovar a sua prática debutante: "quase não consigo passar sem o outro – e você é o único outro, o alter"[2]. Este livro demonstra, do começo ao fim, que a supervisão nasceu do desejo de Freud: é, portanto, uma questão de desejo, de gosto e, assim, uma questão ética que toma conta do praticante. Consideramos, com J.-A. Miller, que o registro ético também é o registro do gosto[3]. Ao tornar a supervisão obrigatória, os grupos afiliados ao IPA produzem um desvio "discreto e progressivo" em relação à proposta freudiana inicial.

Mas há mais nesse retorno a Freud: a leitura precisa sobre a correspondência, bem como os textos teóricos, desenha os contornos de uma estrutura quaternária: Freud, seu interlocutor, o paciente do qual se fala e o auditório ("seu público") (seu Outro), além de Fliess[4]. Essa estrutura é absolutamente essencial para demonstrar que se trata, em último lugar, de transmissão: não se transmite a psicanálise de um sujeito a outro unicamente pela experiência do tratamento, sob a pena de se reduzir a uma prática de iniciação; ela se transmite pelas vias de uma transferência de trabalho. É isso que a Sociedade Psicanalítica das Quartas-feiras inaugura como necessidade: uma transmissão a fim de que ela permaneça viva[5].

Mais do que uma terapêutica, uma experiência

A introdução do termo supervisão nos anos 1920 vai marcar uma etapa importante: as discussões sobre o ensino e a formação fazem aparecer como um problema essencial o fato de que a psicanálise, como prática *sui generis*, deve ser o objeto de uma formação *ad hoc*, pois, antes de ser uma terapia, é, acima de tudo, uma *experiência*[6].

A análise pessoal está, primeiramente, enodada de forma ainda um pouco confusa com a prática da supervisão: a relação de elementos pessoais é essencial sem, contudo, orientar a direção do tratamento (obstáculo da análise da contratransferência, desde sua inauguração com Ferenczi até seu uso por alguns da IPA). É para resolver essa aporia que o ensinamento de Lacan será inovador.

A contribuição de Lacan para a doutrina e para a prática da supervisão é aqui desdobrada através de um ângulo histórico e ético, ao mesmo tempo, sobre a exigência de uma formação rigorosa. Distinguindo a hierarquia do *gradus*, Lacan restitui todo o alcance da dimensão do desejo do analista, embrionário em Freud. Assim, ele preserva os fundamentos de uma instituição que não é construída sobre os pressupostos da mestria e da fidelidade à autoridade institucional.

O enodamento lacaniano análise pessoal/prática da psicanálise

A contribuição do presente trabalho é enfatizar a articulação entre dois tipos de garantia: aquela do analista supervisionado a partir de seu tratamento e aquela do analista supervisionado a partir de sua prática. De fato, Lacan tenta resolver uma aporia: a garantia, na psicanálise, o que ela deve garantir? Podemos vislumbrar garantia apenas se em um caso ou outro tenha havido, de fato, uma psicanálise. Ora, uma psicanálise é, segundo os termos de Lacan, o que se espera de um psicanalista. Porém, a definição de psicanalista constitui ela mesma o objeto de uma supervisão, uma vez que o psicanalista é, ele mesmo, o produto de uma análise: o procedimento do Passe foi precisamente inventado por Lacan com o desígnio de apreciar qual foi a consequência de uma psicanálise para um sujeito.

A supervisão está no cerne de uma tensão entre o desejo do analista e o desejo do analisante: de um lado, o analista deve se fechar ao seu inconsciente para poder operar, mas, por outro lado, se esquece ou rejeita o que se impõe de seu ser[7], o que é rejeitado retorna no real. Em suma, o desejo do analista não é um desejo puro: o analista é incessantemente recolocado na posição de analisante na supervisão, via uma Escola de psicanálise.

Como apontou JAM (em nota, no seu curso *A experiência do real no tratamento psicanalítico* [1998-1999]), há duas fontes de reconhecimento do analista: sua própria análise e sua prática. Lacan, ao privilegiar o analisado no analista, ressalta a garantia sobre a revelação que obtiveram de sua experiência.

Tem seu lugar manter vivas essas duas dimensões (ou comissões) de formação: uma que reconhece e nomeia o analisado e outra que reconhece o praticante, de acordo com a dupla definição de analista contida na Proposição sobre o psicanalista da Escola: "Há aquele que deu provas de analisante analisado e aquele que deu provas de praticante."[8]

O núcleo analítico da prática

Trata-se basicamente de dialetizar esses dois modos de reconhecimento de analistas, o Passe e a supervisão. Ao inventar o dispositivo do Passe, Lacan promove uma definição de psicanalista independente do sentido da prática: uma distinção entre *ser um analista* (AE) e *praticar* a psicanálise. Com qual finalidade? Trata-se, como diz JAM em seu curso "O desencantamento da psicanálise", de preservar o núcleo analítico da prática, e isso se mostra ainda mais importante em um mundo onde tende-se a instrumentalizar a palavra, ou busca-se reduzir a psicanálise à escuta, a uma prática atencional. Trata-se de garantir uma orientação pelo real resistindo às sereias do bem-estar.

A garantia é, como tal, orientada pela psicanálise em intensão. A formação de um psicanalista não visa à maestria terapêutica e não pode ser reduzida à formação clínica, porque é orientada pela experiência da análise quando esta é conduzida até seu final. O que quer dizer? Ela é orientada pela concepção do sintoma, do sinthoma, e do ato que dele decorre, a tal ponto que se faz a experiência nos propósitos finais da análise. A formação do psicanalista está aqui em sintonia com uma teoria e uma experiência do incurável.

Em vista dessas últimas finalidades, como se transmite aquilo que opera na psicanálise?

Lacan, Seminário II: tudo o que se ensina aos analistas como saber é muito útil, mas "Tudo que se opera no campo da ação analítica é anterior à constituição do saber (...)"[9]. Todo saber é útil, mas o analista deve saber que "esta não é a dimensão na qual ele opera. Ele deve formar-se, tornar-se flexível num outro âmbito que não aquele onde se sedimentam, onde se deposita aquilo em que sua experiência vai formulando-se pouco a pouco de saber"[10].

A prática da supervisão é essencial, pois ela não se efetua somente para fins de saber clínico, mas prioritariamente de supervisão do ato. Se a supervisão se confirma a cada dia como o meio adequado para permitir a um analisante fazer experiência de uma análise, é porque permite ao analista retornar sobre a pertinência de seu ato e medir os efeitos na surpresa: interpretar, cortar, entoar, escandir, pontuar sob suas várias formas.

Na supervisão, ouve-se particularmente o que a rotina do praticante e, mesmo a do clínico, torna surdo: o inconsciente real, ininterpretável, mas mobilizável, tratável pela manejo do significante sozinho, pelo corte, pela nominação. Tornar sensível a difração da palavra, como o corte, a nominação, colocam em jogo o fora-e-sentido [*non-sense*], o S1 desconectado da significação, o objeto voz. Isso é ainda mais precioso em um contexto em que uma onda inesperada recuperou as práticas de escuta e da palavra para instrumentalizá-las com fins de hipernormativação.

Daí o caráter paradoxal dessa transmissão. Se, por definição, o ato não é transmissível, nem por isso é inefável: pode-se dar razão a isso na supervisão. Trata-se de esvaziar o ato de toda subjetividade e verificá-lo a posteriori.

O que caminha nas profundezas do gosto

O Passe e a supervisão na orientação lacaniana constituem uma herança da desregulamentação praticada por Lacan no momento em que criou a Escola Freudiana de Paris. Ao contrário das sociedades procedentes da Associação Internacional criada por Freud, a Escola de Lacan não organiza uma lista de didatas nem libera diploma ou autorização para o exercício da prática analítica. A Escola garante a relação do analista à formação que ela oferece: nenhuma formatação é dada, tal como gostaria uma regulamentação administrativa e contábil das práticas.

Se a prática da supervisão é uma das condições prévias para a seleção de analistas (AME), nem por isso resta menos escolhida. Lacan inventou o Passe como modo de recrutamento de analistas, mas também reinventou a supervisão ao tirá-la do *standard*. Assim, supervisão e Passe, com Lacan, são, antes de tudo, uma questão de desejo, de gosto; eles têm em comum esse traço de não serem obrigatórios.

Um estilo de vida

É, sem dúvida, com o fim de preservar o "núcleo analítico da prática" que se faz necessário pensar a questão da garantia, e é nesse sentido que a formação analítica é tão difícil de determinar.

Por quê? JAM nos propõe uma orientação: "porque, agora, é preciso pensar a formação fora de qualquer plano ideal a ser atingido, fora da própria problemática do ideal e da norma, a formação tende a ser apreendida como a comunicação de um estilo de vida de preferência a como aceder a um ideal"[11].

NOTA DO AUTOR

> *No que diz respeito à experiência prática [...] pode consegui-la*
> *ao levar a cabo os tratamentos, uma vez que consiga supervisão*
> *e orientação de psicanalistas reconhecidos.*
> Sigmund Freud, "Sobre o ensino da psicanálise nas universidades", 1919

> *Como não ver que a supervisão se impõe desde o*
> *momento desses efeitos (psicanalíticos)?*
> Jacques Lacan, "Ata de Fundação da EFP", 1964

O presente trabalho é resultado de minha tese de doutorado, defendida em 2018 no Departamento de Psicanálise da Universidade de Paris 8. A orientadora, Christiane Alberti, assim como os integrantes da banca examinadora – Gerard Miller, Jésus Santiago, Marie-Hélène Brousse e Michel Grollier, todos membros da Associação Mundial de Psicanálise –, fez da oportunidade da defesa e arguição da tese um momento com ares de uma verdadeira conversação de orientação psicanalítica sobre a supervisão.

Chamo a atenção do leitor para as epígrafes acima, em que se pode notar o lugar bem delimitado da supervisão na formação psicanalítica tanto no texto de Sigmund Freud como no de Jacques Lacan.

Freud criou a *International Psycho-analytical Association* (IPA) para tentar proteger a psicanálise de possíveis desvios, em razão da extensão que essa prática alcançava. A história do movimento psicanalítico mostrará, contudo, que alguns desvios surgiram no âmago mesmo do funcionamento da instituição, o que acontece quando a orientação se deixa influenciar pela cooptação, e não pela revisão permanente e criteriosa da própria prática clínica da psicanálise.

No que concerne especificamente à supervisão, embora o dispositivo tenha tido um lugar desde os primórdios da invenção da psicanálise, foi apenas em 1919 que Freud introduziu o termo *Kontroll* no campo psicanalítico. À medida que progredia na construção de seus primeiros casos clínicos, impôs-se a ele a necessidade de um interlocutor com quem compartilhar suas experiências, sobretudo quando se via diante de impasses e questões que contrariavam suas elaborações iniciais ou para as quais a teoria em gestação ainda não tinha apontado respostas conclusivas. A prática da supervisão não foi uma imposição burocrática no contexto de formação do analista, mas uma exigência lógica vislumbrada por Freud, ao supor que, no interior de seu próprio tratamento – sua análise pessoal com o colega Wilhelm Fliess, ainda que à revelia deste –, haveria pontos cegos localizados lateralmente em relação a suas elaborações teóricas centrais.

Pode-se afirmar que Freud situou a supervisão na interseção da teoria e da análise pessoal, defendendo-a, assim, como um dos sustentáculos do tripé freudiano da formação do analista, ao lado da análise pessoal e da formação epistêmica. No início, quem desejava ser admitido e reconhecido como praticante da psicanálise deveria se submeter à análise pessoal e se dedicar aos estudos teóricos. A essas condições, de caráter *sine qua non*, Freud incentivou os analistas a fazer apresentações e discutir casos de tratamento em curso, recomendação à qual ele próprio aderiu, mesmo depois de finalizada sua interlocução com Fliess.

Nossa investigação permitiu constatar um discreto e progressivo desvio da proposta freudiana original da supervisão dentro dos grupos afiliados à IPA, sobretudo a partir do momento em que se tornou obrigatória para os candidatos à formação em psicanálise. Inicialmente estava proposta como uma prática dirigida e reservada aos principiantes, mas, num segundo momento, perde importância, a ponto de ser removida do tripé freudiano e deixar de integrar os elementos fundamentais na formação permanente do analista. Se cabia à IPA estabelecer o rol de analistas didatas, a prática da supervisão deixa de ser necessária àqueles que já integravam esse rol por haverem concluído o curso de formação. Apresentava-se somente como um recurso ou pedido de ajuda a um analista mais experiente diante de casos de gravidade notória, com risco para o paciente. Nesta última perspectiva, a supervisão se torna uma busca de saber exposto para conduzir um caso clínico da melhor maneira.

Nos anos cinquenta do século XX, chega a vez de Jacques Lacan se propor a detectar e combater os desvios que corrompem o emprego da psicanálise, e o faz por meio de um retorno ao texto de Freud. Para o desvio que acometeu a prática da supervisão na formação do analista, encontramos uma retificação nos termos da proposição sobre o psicanalista da Escola (1967), texto redigido na sequência da criação, em 1964, de sua Escola – a Escola Freudiana de Paris. Lacan opõe a hierarquia ao *gradus*. A lista de analistas didatas é suprimida, para que os analistas tenham a liberdade de escolher um supervisor com base na transferência. A prática da supervisão deixa de ser obrigatória, mas recupera a importância que Freud lhe havia conferido: na Escola de Lacan, é o desejo que conduz o analista a supervisionar sua prática clínica.

Efeitos de verdade e efeitos de formação são esperados da prática clínica da psicanálise. Os efeitos de verdade são produtos da análise e podem ser equiparados aos momentos de emergência do sujeito, momentos em que se lhe revela o que o torna diferente em relação a um momento anterior. Os efeitos de formação podem ser apreendidos como um segundo posterior, pois supõem o desejo do analista como um suporte do qual o praticante se vale em sua clínica[1]. Porém, para que ambos os efeitos tenham a chance de se produzir, é necessário que a "clínica" seja orientada pelo inconsciente e se distinga de qualquer outra prática terapêutica que se valha da dita "escuta". Nesse ponto, encontramos a inquietação e a exigência, tanto em Freud quanto em Lacan, de que a supervisão seja um instrumento a serviço da produção desses dois tipos de efeito. Se a supervisão na instituição tem um lugar neste trabalho, é por levar em conta que, no Brasil, a psicanálise esteve presente desde o início do movimento de dessegregação. A criação do

Centro de Atenção Psicossocial (CAPS) deixa para trás uma prática asilar para a introdução de uma política de acolhimento. Neste particular, a psicanálise de orientação lacaniana oferece aos profissionais dessas instituições a possibilidade de uma prática orientada, mais que necessária, por terem visto se desenvolver, nesse campo, uma prática de escuta que tende à sugestão e/ou à infinitização dos sentidos.

Um outro ponto que justifica a escolha pela introdução da psicanálise na instituição é a tendência à padronização do tratamento. A clínica, tal como concebida pela psicanálise, vai substituir esse protocolo. Por meio da apresentação de algumas instituições nas quais estive como supervisor, busquei isolar os efeitos importantes da supervisão, não apenas sobre os praticantes, mas também sobre a própria instituição.

Abordaremos também a psicoterapia institucional, experiência do final do século XIX, cujas premissas se efetivaram no início do século XX e ganharam expressão no movimento da reforma asilar, tornando o lugar de reclusão um lugar de acolhimento que modifica a apreensão do paciente. Tal experiência favorece a distinção que se deve fazer entre a psicoterapia e a psicanálise aplicada à terapêutica, contendo essa última expressão o termo que diferencia a psicanálise de todas as práticas de escuta.

Por que se supervisiona? O que se supervisiona? Para uma leitura da prática de supervisão dos analistas de orientação lacaniana, elaborei um questionário com quatro perguntas abordando a posição de supervisor e de supervisionando, proposto a alguns analistas da Associação Mundial de Psicanálise (AMP). Freud e, depois, Lacan, nos mostraram, cada um a sua maneira, o papel crucial da prática da supervisão. O que fazemos com esse ensinamento? Como demonstramos nosso papel na formação e na transmissão da prática da psicanálise? As respostas dadas pelos analistas sinalizam que a supervisão se modifica no curso da formação por estar atrelada a motivações distintas em cada momento da prática e da formação do praticante: uma inquietação com o paciente, um sentimento de falta de legitimidade com relação à própria prática, entre outros. O supervisor, por sua vez, também é afetado pela supervisão: ele aprende!

Para finalizar, deixo registrados meus agradecimentos a Mirmila Musse, Patricia Cagnet e Virgínia Junqueira, por terem permitido o trânsito de uma língua a outra e tornado possível a apresentação e a edição deste trabalho.

CAPÍTULO I

PRÉ-HISTÓRIA E HISTÓRIA DA SUPERVISÃO

A pré-história e a história da supervisão são dois tempos que podem ser identificados nas correspondências entre Freud e Fliess, bem como na formalização tanto da instituição psicanalítica quanto da formação de psicanalistas. Excertos de correspondências trocadas por Freud e Fliess identificam os três elementos do tripé freudiano da formação analítica: análise pessoal, formação teórica e supervisão. O principal interesse, aqui, concerne ao nascimento da prática da supervisão, enfatizados nas passagens que refletem essa experiência.

A pesquisa foi organizada sobre as correspondências que contêm objetos próprios à análise pessoal de Freud, a partir do seu amor de transferência em direção a Fliess; as que trazem os avanços teóricos baseados nas observações clínicas; e as em cujo conteúdo se manifesta a prática da supervisão, como a conhecemos no campo analítico.

É importante tomar essa correspondência como um ponto de partida porque, apesar da diversidade de correntes analíticas que surgiram a partir de Freud, conceitos tais como transferência continuam fundamentais para a psicanálise. O momento inaugural da supervisão, sua pré-história, é apreendido da relação de Freud com Fliess, quando o primeiro coloca este segundo em posição de guia.

Observa-se também a correspondência entre Freud e Ferenczi. Quando termina a amizade com Fliess, Freud experimenta certa inquietação. Como poderia ser capaz de manter um espaço de trocas e debates sobre seu progresso na psicanálise e quem poderia vir a ser seu interlocutor? De certa forma, Sándor Ferenczi seria essa pessoa. É um momento histórico no movimento psicanalítico, um momento em que se pode melhor desenhar a prática da supervisão. Vamos nos debruçar sobre a contratransferência – um conceito operacional para Ferenczi –, uma vez que, com base em uma relação do eixo imaginário, transferência-contratransferência, irá se estabelecer, na abordagem psicanalítica, como experiência de relação dual, de compreensão mútua – muito longe da experiência psicanalítica que Freud pôde conceber.

Por ocasião da criação do Instituto de Berlim, por exemplo, a prática da supervisão foi colocada em evidência ao ponto de ter sido imposta aos candidatos a analistas. Percebemos, em seguida, que a formação analítica, formalizada pela IPA, revela muitas divergências.

A supervisão na correspondência de Freud com Fliess

A psicanálise nasceu em um contexto histórico que, para dar melhor suporte ao desenvolvimento da criação freudiana, durante seus primeiros cem anos, merece ser rapidamente localizado. A primeira ideia a demonstrar é a implementação do tripé básico da formação do analista, desde o início do percurso freudiano.

Se, anteriormente, o padrão de transmissão foi fundado com base na exposição de um saber que aspirava a convencer os mais jovens a seguir um mestre, o nascimento da psicanálise vai revelar que, além do saber que se expõe – o do mestre ou o da universidade –, outro tipo de saber se impõe. Freud revela o saber do inconsciente, que corresponde a uma outra maneira de se manter perante o saber.

Em "(A) Psicanálise – a psicanálise como arte interpretativa", Freud escreve que "esse trabalho de interpretação (do analista) não podia ser submetido a regras estritas e deixava uma grande margem de manobra ao tato e à perícia do médico"[1], mostrando uma preocupação constante sobre essa liberdade de trabalho. Em "Contribuição à história do movimento psicanalítico", fala sobre a pressuposição do inconsciente, da resistência, da repressão, da sexualidade e do complexo de Édipo como base de sua teoria, sustentando que "aquele que não pode aceitar a todos não deve se considerar um psicanalista"[2]. Essa formulação data de 1922, mas retoma a continuidade dos elementos fundamentais da psicanálise.

Freud precisa, em um pequeno texto de 1920, intitulado "Uma nota sobre a pré-história da técnica de análise", que a psicanálise não está ao lado da produção artística. Essas palavras foram dirigidas a Havelock Ellis, em resposta a seu livro *The Philosophy of Conflict*, de 1919. A livre associação proposta por Freud, em alemão *freier Einfal*, que significa "uma ideia que ocorre espontaneamente ao espírito"[3], não tem nenhuma conexão com o que desenvolveram autores como James John Grath Wilkinson. Freud salienta, curiosamente, que, aos quatorze anos, recebeu de presente as obras de Ludwig Börne, primeiro autor cujas obras visitaria. Do ensaio de Börne intitulado "A arte de tornar-se um escritor original em três dias", Freud apreende as últimas frases:

> E aqui temos a aplicação prática que foi prometida. Pegue algumas folhas de papel e por três dias a fio anote, sem falsidade ou hipocrisia, tudo o que lhe vier à cabeça. Escreva o que pensa de si mesmo, de sua mulher, da Guerra Turca, de Goethe, do julgamento de Fonk, do Juízo Final, de seus superiores, e, quando os três dias houverem passado, ficará espantadíssimo pelos novos e inauditos pensamentos que teve. Esta é a arte de tornar-se um escritor original em três dias.[4]

Freud sustenta que suas leituras durante a adolescência foram essenciais para a introdução da ideia da livre associação, e, ao se pensar em uma origem "mítica" da técnica psicanalítica, aí poderia estar seu ponto fundamental.

Abordamos agora a questão da supervisão, postulando que esse exercício acompanha Freud desde o início do seu trabalho e de sua prática. De certa maneira, essa proposição excede a realidade, já que a supervisão não era assim esclarecida, porém não se torna menos importante ao considerar que Freud expôs o que diz respeito à formação do psicanalista. A psicanálise não é uma técnica pura e repetitiva; ela sempre seguiu uma orientação. É essa orientação que continua e se torna válida em termos de princípios. Soma-se a isso o fato de que a psicanálise pode se manter viva bem mais em termos de orientação do que em termos de técnica. Mesmo que Freud não o soubesse naquele momento e que não tivesse elaborado esses termos, trata-se do mecanismo de supervisão da fundamentação teórica e supervisão da prática.

Propõe-se que a primeira experiência de supervisão a que Freud se submeteu tenha sido feita com Josef Breuer. No entanto, parece mais adequado considerar que Freud estabeleceu com Wilhelm Fliess a primeira supervisão, pois, naquela época, Freud havia elaborado e desenvolvido suas ideias de forma mais consistente. Além disso, seus pacientes já recebiam um tratamento orientado para aquilo que viria a se tornar psicanálise.

Considerando que Freud tenha feito sua análise com Wilhelm Fliess ao mesmo tempo em que construía sua invenção, a psicanálise, é possível pensar também que ali começou a supervisão de sua prática, a partir das discussões com Fliess, já que se observa que foram levadas em conta as intervenções deste último. A correspondência entre eles mostra o caminho freudiano de forma muito interessante.

Em primeiro lugar, verifica-se que Freud era muito próximo de Fliess, mas essa relação foi sempre unilateral, ou seja, no sentido de Freud para com Fliess. No início de sua amizade, em 1883, Freud tinha trinta e um anos, dois a mais que Fliess, e era professor de neurologia na Universidade de Viena. Sua correspondência vai estender de 1887 a 1904, data de término da amizade entre eles.

Jean Martin Charcot recomendou a Fliess o curso de Freud, e é assim que se torna seu aluno. Fliess era otorrinolaringologista em Berlim e já gozava de uma carreira respeitável. Suas teorias sobre a relação do nariz com o resto do corpo, principalmente no que toca a sexualidade, encantaram Freud, que, no entanto, não se envolveu na seara da organicidade, mas se desviou desse caminho para se enveredar na via de sua criação futura.

O laço transferencial que se instaurou é muito marcante e merece relevância. É possível identificá-lo de duas maneiras: pela observação dos termos usados por Freud e pela análise cronológica das cartas, inclusive pelos comentários de Freud sobre os silêncios de Fliess. O amor incomum por Fliess também vem testemunhar essa transferência.

É importante salientar que, ao falar da "autoanálise" de Freud, este se referiu a si mesmo como se se tratasse de um caso clínico. Além dos relatos sobre a formação do inconsciente, outro elemento oferece suporte a essa observação: Freud discutia com seu "auditório", palavra usada por ele para se referir a Fliess. "Congresso particular" é o nome dado a suas reuniões.

Havia algo em comum entre esses dois homens, embora o que tenha levado Freud a experimentar esse sentimento permanece sem explicação. Eram ambos judeus, médicos e curiosos sobre os mistérios que cercam a sexualidade humana. O fato de que Freud encontrou nesse colega o mesmo interesse científico poderia explicar a devoção e a insistência com que solicita sua opinião sobre o desenvolvimento das ideias que surgem. No entanto, isso não é o suficiente para explicar o amor incondicional que vemos em suas cartas. Nessa relação, Freud viu uma tendência homossexual, com base na sua teoria sobre a bissexualidade.

A transferência de Freud para Fliess é identificável nos três aspectos da formação psicanalítica (análise pessoal, estudo teórico e supervisão), aos quais nos referimos como uma base de trabalho.

O amor de transferência é a força motriz, em Freud, que lhe permitiu decifrar seu próprio inconsciente. Freud se endereça a Fliess como a um mestre, mas teria sido mais compreensível se esse amor tivesse sido direcionado a outros médicos com os mesmos interesses, com experiência clínica muito maior, maior prestígio e mais pontos de identificação. As expectativas de Freud, as demandas por respostas e atenção, bem como as intenções de promover reuniões, mostram o lugar privilegiado dado a Fliess.

É certo que os avanços de Freud o levaram a superar seu mestre e que tal transferência não pôde ser sustentada porque Fliess não tinha conhecimento nem os mesmos interesses ou preocupações que Freud. Freud supõe que o "analista" (Fliess) pensa ou julga determinados pontos de suas cartas, o que revela sua posição subjetiva e lhe permite apreender certos desejos que não podia confessar – palavras do próprio Freud.

A partir da leitura atenta das correspondências de Freud a Fliess, as cartas puderam ser classificadas, privilegiando a enunciação de Freud em três categorias: análise pessoal, formação/construção teórica e supervisão.

Supervisão da análise pessoal

Em sua Carta nº 7, de 1º de agosto de 1890, Freud escreveu:

> [...] *do ponto de vista médico, eu sem dúvida me beneficiaria de sua presença e, talvez, também da atmosfera de Berlim, já que faz muitos anos que estou sem nenhum mestre; estou mais ou menos exclusivamente envolvido no tratamento das neuroses.*[5]

Àquela época, embora tenha dito que sua saúde, seu isolamento, sua preguiça e sua renúncia poderiam melhorar graças à presença de Fliess, Freud pediu-lhe desculpas por não dar atenção suficiente às suas teorias, pois seu próprio objeto de trabalho já ocupava todo o seu tempo. No entanto, Freud fez de Fliess seu mestre no que diz respeito aos objetos de seu próprio interesse. Em outras circunstâncias, a transferência "analítica" é mais explícita. A seguir, alguns trechos de cartas que revelam episódios da análise de Freud e que também podem ser interpretados como momentos durante os quais a formação teórica e a supervisão entram em jogo.

Carta nº 42, 21 de maio de 1894:

> *Tenho observado há algum tempo que você suporta o sofrimento melhor e com mais dignidade do que eu, que oscilo eternamente em meus estados de humor [...] Obviamente, não é nenhum favor especial do destino eu ter aproximadamente cinco horas por ano para trocar ideias*

com você, quando mal consigo passar sem o outro – e você é o único outro, o alter.[6]

Freud mostra sua posição em relação a Fliess e lamenta não poder estar junto a ele. Na carta nº 43, de 22 de junho de 1894, é clara a transferência analítica no trabalho:

> [...] *assim fiquei privado da motivação que você caracterizou tão habilmente numa de suas cartas anteriores: uma pessoa só consegue desistir de algo quando está firmemente convencida de que aquilo é a causa de sua doença* [...] *Em termos gerais, observo que estou sendo tratado como um paciente, com evasivas e subterfúgios, em vez de ter minha mente tranquilizada pela comunicação de tudo o que há para me dizer numa situação dessa natureza, ou seja, tudo o que se sabe.*[7]

Nessa sequência, Freud toma nota da declaração de Fliess e pede a este que lhe conte tudo o que sabe sobre seu inconsciente – sem subterfúgios –, mas, ao mesmo tempo, não informa as causas de sua doença. Fica em evidência a demanda de Freud para discutir seu caso tanto como analista quanto como paciente.

Carta nº 62, 26 de abril de 1895:

> *Você me parece zangado quando se envolve tão persistentemente num manto de silêncio. Terá razão, se estiver zangado comigo por eu não ter mandado as provas tipográficas que anunciei, distração esta que me é incompreensível.*[8]

A interpretação do silêncio do "analista" fica evidente, e o esquecimento tomado como formação analítica mostra como Freud coloca sua relação com Fliess no nível da análise.

Carta nº 81, 8 de novembro de 1895:

Em seguida comecei a escrever sobre a enxaqueca. Os primeiros aspectos que examinei levaram-me a um entendimento que voltou a me recordar o tópico que eu pusera de lado e que teria exigido muitas revisões. Senti-me sobrecarregado de trabalho, irritado, confuso e incapaz de dominar aquilo tudo. Assim joguei tudo longe. Agora, lamento que, com base nessas páginas, você precise tentar formar uma opinião que justifique meu grito de alegria diante de minha vitória, o que lhe deve ser realmente difícil [...] A solução clínica da histeria, porém ainda se mantém; é atraente e simples.[9]

Nessa carta, é possível ver como as questões teóricas, a discussão clínica e os elementos da análise são enredados.

Carta nº 84, 8 de dezembro de 1895:

Quando volto a ver sua letra, vivo momentos de grande alegria, que me permitem esquecer grande parte de minha solidão e carência.[10]

É interessante notar aqui que Freud menciona a carta como um sinal da presença de Fliess, pois poderá dizer, mais tarde, que uma análise não se realiza *in absentia* nem *in effigie*.

Carta nº 85, 1º de janeiro 1896:

Sei que você não precisa tanto de mim quanto eu de você, mas sei também que tenho um lugar seguro em sua afeição [...] Observo que, pela via tortuosa da clínica médica, você está alcançando seu ideal primeiro de compreender os seres humanos enquanto fisiologista, da mesma forma que alimento secretamente a esperança de chegar, por essa mesma trilha, a minha meta inicial da filosofia. Pois era isso o que eu queria originalmente, quando ainda não me era nada clara a razão de eu estar no mundo. Durante as últimas semanas, tentei repetidamente dar-lhe alguma coisa em troca de suas comunicações.[11]

A assimetria entre os dois é evidente aos olhos de Freud, e a necessidade do pagamento nos parece evidente na última frase.

Carta nº 87, 13 de fevereiro de 1896:

Meu estado de saúde não merece ser tema de investigação. Na semana passada, houve um recrudescimento da supuração do lado esquerdo e enxaquecas bastante frequentes; a abstinência necessária mal chega a fazer-me bem. Fiquei grisalho bem depressa.[12]

As constantes queixas de Freud sobre seu estado de saúde parecem ser uma repetição que, enquanto o tempo passa, deixa de ser explorada como efeito de uma causa orgânica.

Carta nº 141, 4 de outubro de 1897:

De onde é que os pacientes retiram os pavorosos detalhes pervertidos que, frequentemente, são tão afastados de sua experiência quanto do seu conhecimento?[13]

Temos, ainda, uma passagem em que a clínica de Freud é submetida a críticas de Fliess, na qual "os pacientes" inclui o próprio Freud, e que terá um importante impacto no processo de análise.

Carta nº 146, 14 de novembro de 1897:

Minha autoanálise continua interrompida. Apercebi-me da razão por que só posso me analisar com o auxílio de conhecimentos objetivamente adquiridos (como uma pessoa de fora). A verdadeira autoanálise é impossível, caso contrário, não haveria doença neurótica. Visto que ainda estou lutando com alguma espécie de enigma em meus pacientes, isso está fadado a me deter também em minha autoanálise.[14]

Nessa nota interessante, Freud esclarece que deve ser analisado como "um estrangeiro" e acrescenta que se trata de uma tarefa impossível. Considerando que uma "autoanálise é impossível", faz sentido que esse bloqueio em sua discussão com Fliess sobre seu próprio caso resida, sobretudo, paralelamente à supervisão e à análise.

Carta nº 161, 15 de março de 1898:

No momento atual, estou simplesmente embotado, durmo em minhas análises vespertinas; não me ocorre mais absolutamente nada de novo. Creio realmente que meu estilo de vida, com oito horas de análise ao longo de oito meses do ano, me é devastador.[15]

Esse "não me ocorre mais absolutamente nada de novo" parece resultado da ausência de supervisão e de análise: ele trabalha como um idiota. Freud relaciona seu estado de humor à periodicidade de suas "sessões" de análise, que depende do seu entusiasmo.

Carta nº 188, 3 de janeiro de 1899:

Em primeiro lugar, um pequenino dado de minha autoanálise forçou passagem e confirmou que as fantasias são produtos de períodos posteriores e que são projetadas, a partir do que era então o presente, para épocas mais remotas da infância; a maneira como isso ocorre também veio à tona – mais uma vez, através de um elo verbal.

Quanto à pergunta "O que aconteceu na primeira infância?", a resposta é: "Nada, mas existia o germe de um impulso sexual". A coisa seria fácil e agradável de contar, mas expô-la por escrito exigiria meia chapa, portanto, vou guardá-la para nosso congresso da Páscoa, junto com outros esclarecimentos sobre a história de meus primeiros anos.

Em segundo lugar, captei o sentido de um novo elemento psíquico que concebo como tendo significação geral e sendo um estágio preliminar dos sintomas (antes mesmo da fantasia).[16]

Novamente, o que aparece na autoanálise apresentada a Fliess mostra elementos da infância, a fantasia, a constituição do sintoma. A presença física de Fliess é necessária para que Freud continue seu trabalho.

Carta nº 211, 27 de agosto de 1899:

Você terá que me deixar algum espaço para meu "veneno" nas interpretações dos sonhos. Faz bem à constituição desabafar o que está engasgado.[17]

Freud tenta, nesse momento, impor seu texto sobre a interpretação dos sonhos e reclama bastante de seus interlocutores, exceto de Fliess.

Carta nº 221, 27 de outubro de 1899:

Como você vê, tão logo não se quer falar sobre as próprias preocupações ou sobre a própria ciência não nascida, desliza-se para os mexericos. Chega disso.[18]

Freud percebe claramente os subterfúgios que utiliza para evitar lidar com questões que ainda não lhe são claras. Nesse momento, se vira para "o aspecto feminino".

Carta nº 258, 25 de novembro de 1900:

Em meu trabalho, não estou exatamente paralisado; num nível subterrâneo, é provável que ele esteja prosseguindo bastante bem, mas este por certo não é um tempo de colheita, de domínio consciente. [...] Já me resignei a viver como quem falasse uma língua estrangeira, ou como o papagaio de Humboldt.[19]

A reclamação sobre sua solidão teórica revela sua posição subjetiva, que é a solidão. Nessa passagem, Freud é, provavelmente, uma referência para o seguinte verso: "Solitário, ele clama, incompreendido, pelo estranho mundo afora".[20]

No momento em que a transferência começa a declinar, percebe-se como Freud passa a se endereçar a Fliess com deferência. Parece também fazer certa confusão, pois atribui a Fliess a descoberta da relações entre o nariz e a bissexualidade e, assim, o coloca em uma posição superior no ponto de vista teórico, considerando que, no entanto, parece atribuir a si mesmo a descoberta da importância da sexualidade.

Supervisão da formação/construção teórica

Na correspondência de Freud para Fliess, verifica-se até que ponto a construção teórica de Freud depende do diálogo com Fliess. Freud lhe expôs cada passo de sua construção e solicita suas críticas. As indicações de Fliess, segundo ele, influenciam no caminho a seguir. Os "rascunhos" revelam a dependência e a confiança de Freud para com seu "mestre". O respeito ao conhecimento médico de Fliess e a sua abordagem original, que ultrapassa o conhecimento da época, mostra em que lugar o segundo se situa em relação ao primeiro. As tentativas de Freud para incluir as teorias de Fliess em suas elaborações são uma constante, mas aparecem mais como uma marca de reverência do que como testemunho de um real interesse.

As trocas bibliográficas e as mútuas observações sobre as produções desses dois médicos foram, sem dúvida, importantes para o surgimento da psicanálise no contexto da época. É possível notar que Freud se dirigia a Fliess a partir de uma posição de analisante, fosse para transmitir o que se configurava como os avanços da teoria psicanalítica, fosse a partir da suposição de um sujeito suposto saber.

Carta nº 25, 10 de julho de 1893:

[...] *espero que você explique o mecanismo fisiológico de minhas descobertas clínicas* [...].[21]

Freud convida Fliess a utilizar-se de suas teorias para acompanhar e mesmo explicar suas próprias descobertas.

Carta nº 38, 7 de fevereiro de 1894:

Sua avaliação da teoria das ideias obsessivas me fez bem, pois sinto sua falta o tempo em que estou engajado nessa espécie de trabalho. Se você vier a Viena na primavera, precisa arrancar-se da família por algumas horas e dedicá-las a uma troca de ideias comigo. [...] *Você viu que o último texto versava sobre a* transformação *do afeto e a* transposição *(do afeto); além disso, há também a substituição. Não erguerei mais o véu por ora.*[22]

Ao mesmo tempo em que Freud discute um texto enviado a Fliess, comenta sua "autoanálise" e concorda que não deve revelar tudo o que se representa em seu inconsciente.

Carta nº 41, 6 de maio de 1894:

A parte teórica, mais uma vez, ficou muito curta, assim como o diagnóstico diferencial. Em suma, mais largueza. Como é que nem todas as afecções desse locus *específico resultam em dores de estômago? Presumo que haja aí alguma ligação com as 'alterações nevrálgicas'.*[23]

Freud responde Fliess, e nota-se o pouco interesse ou a superficialidade com que Freud discute os temas que interessam a seu colega.

Carta n° 42, 21 de maio 1894:

Estou bastante sozinho, aqui, na elucidação das neuroses. Sou encarado como uma espécie de monomaníaco, embora tenha a nítida sensação de haver tocado num dos grandes segredos da natureza... De onde vem essa restrição? Não sei; no entanto, é notável que esteja presente precisamente nele.[24]

Mesmo que Freud mantivesse seu comprometimento com a teoria das neuroses, também mergulha no conflito com sua própria neurose, o que justamente vai estimular sua criação. Freud apresenta um caso, recebido por ele, em que se impõem restrições sexuais e procura fornecer explicações teóricas.

Manuscrito E, 6 de junho de 1894:

Isso é altamente peculiar, mas só pode significar que a fonte da angústia não será física: é um fator físico da vida sexual que produz a angústia. Mas que fator?[25]

Freud tenta descobrir o mecanismo da angústia a partir daquilo que pode ser observado em sua clínica. Se seu interlocutor se baseia na organicidade, a pergunta de Freud "mas que fator?" parece não seguir essa via. Freud apresenta sete grupos de casos em que a angústia emerge da questão sexual. Ele se questiona e, em seguida, tenta encontrar respostas para seus impasses teóricos. Conclui seu desenvolvimento teórico com o seguinte argumento:

Foi esse o ponto a que consegui chegar hoje. As lacunas precisam muito ser preenchidas. Penso que está incompleta e sinto que falta algo, mas creio que a base está certa. É claro que não está suficientemente desenvolvido, em absoluto, para publicação. As sugestões, ampliações e mesmo as refutações e explicações serão recebidas de muito bom grado.[26]

Carta nº 43, 22 de junho de 1894:

Fico satisfeito com sua opinião de que a história da angústia ainda não está muito certa; é um eco de minha própria visão.[27]

Essas palavras confirmam o que é mencionado acima.

Manuscrito F, discussão do caso nº 1, 23 de agosto de 1894:

Por conseguinte, pode-se esperar que, no caso do Sr. K, a superficial neurose de angústia tenha-se originado numa etiologia superficial. Onde é possível buscá-la sem preconceitos? [...] Não há muito a deduzir da masturbação dele na adolescência; certamente não teria tido esse resultado, nem parece ter ultrapassado a medida habitual.[28]

Freud se interroga sobre um caso que acompanha, mas é do ponto de vista teórico que ele quer encontrar respostas.

Carta nº 53, 24 de janeiro de 1895:

Trata-se da explicação da paranóia; todas as minhas invenções são dessa natureza pouco prática. Diga-me sua opinião a respeito; a essa altura, provavelmente já hei de me haver acalmado.[29]

Essa carta, Freud escreve em um grande estado de excitação. Explica que se sentiu mal e recorreu à cocaína. Teoricamente, Freud chegou a uma conclusão sobre a paranoia e a submete a Fliess. Trata-se do manuscrito H, intitulado "Paranoia".

Carta nº 70, 6 de agosto de 1895:

Quero informá-lo de que, após um prolongado esforço mental, creio haver penetrado na compreensão da defesa patológica e, com isso, na de muitos processos psicológicos importantes. Clinicamente, tudo já se havia encaixado há muito tempo, mas só com muito trabalho foi possível chegar às teorias psicológicas de que eu precisava. Espero que não se trate de 'ouro dos sonhos' [...] Ela não está nem perto de ficar pronta, mas ao menos posso falar a respeito e, no tocante a muitos aspectos, valer-me de sua formação científica superior.[30]

Nessa passagem, Freud faz a diferença entre elementos clínicos, com os quais construiu os casos, e as construções teóricas, que se desenvolvem ao mesmo tempo. À descoberta sucede a invenção, por assim dizer.

Carta nº 75, 8 de outubro de 1895:

Pense só: entre outras coisas, estou na trilha da seguinte precondição restrita da histeria: a de que deve ter ocorrido uma experiência sexual primária (anterior à puberdade) acompanhada de repugnância e medo; na neurose obsessiva, ela deve ter ocorrido acompanhada de prazer [...].[31]

Freud propõe a Fliess sua elucidação do mecanismo do recalque na neurose e, como teve certas dificuldades, se declara não ser capaz de prosseguir. Redige o "Manuscrito I", que retoma as ideias de Fliess sobre a enxaqueca. No entanto, Freud relaciona o mecanismo de recalque à "ação tóxica" e à "substância estimuladora sexual, quando esta não consegue encontrar uma descarga suficiente", e pergunta a Fliess sobre o que pensa dessa tese. Aqui, a passagem do "Manuscrito I" em que se coloca Freud:

Isso parece sugerir que a enxaqueca representa um efeito tóxico produzido pela substância estimuladora sexual, quando esta não consegue encontrar uma descarga suficiente.[32]

Carta nº 76, 15 de outubro de 1895:

Será que já lhe revelei o grande segredo clínico verbalmente ou por escrito? A histeria é conseqüência de um choque sexual pré-sexual.

A neurose obsessiva é conseqüência de um prazer sexual pré-sexual, que se transforma, posteriormente, em |auto|-recriminação. 'Pré-sexual' significa, a rigor, anterior à puberdade, anterior à liberação de substâncias sexuais; os acontecimentos pertinentes só se tornam eficazes enquanto lembranças.[33]

Nessa passagem, Freud retoma seus desenvolvimentos teóricos fundamentados na histeria, nas experiências pré-puberdade – chamadas por ele de "pré-sexual" –, com muito mais precisão do que no manuscrito.

As construções teóricas sobre as diversas neuroses estão por todo o trabalho clínico, e Freud os expõe para Fliess. Parece-nos que esse apelo endereçado a este último é uma tentativa de atrair sua atenção em posição de mestre.

Carta nº 78, 20 de outubro de 1895:

[...] esta carta dedica-se à ciência. Fiquei, é claro satisfeitíssimo com sua opinião sobre a solução para a histeria/neurose obsessiva.[34]

Essa declaração resume o que Freud tinha apresentado e o que questiona na carta seguinte, independentemente das opiniões de Fliess.

Carta nº 79, 31 de outubro de 1895:

Comecei a ter dúvidas sobre a explicação da histeria e da neurose obsessiva com base no prazer/dor, que anunciei com tamanho entusiasmo. Os elementos constitutivos estão corretos, sem sombra de dúvida, mas ainda não dispus as peças do quebra-cabeça no lugar certo.[35]

Notamos que a falta de respostas de Fliess, bem como suas respostas evasivas, deixam Freud inseguro sobre seus avanços já concluídos.

"Manuscrito K", 1º de janeiro de 1896:

Aqui se ramifica um problema correlato: como é que em condições análogas, emergem a perversão ou a simples imoralidade, em vez da neurose? [...] Em minha opinião, deve haver uma fonte independente de liberação de desprazer na vida sexual... Aqui, a experiência primária foi acompanhada de prazer. Quer tenha sido ativa (nos meninos) ou passiva (nas meninas), ocorreu sem sofrimento ou qualquer mescla de repugnância [...].[36]

O "Manuscrito K" diz respeito às neuroses de defesa, enviado ao mesmo tempo que a carta anterior.

Carta nº 86, 6 de fevereiro de 1896:

Tudo será claramente exposto a você em nosso congresso particular no verão.[37]

Essa carta foi enviada na sequência do "Manuscrito K", e Freud insiste que se encontrem em um "congresso particular".

Carta nº 112, 6 de dezembro de 1896:

Como você sabe, estou trabalhando com a hipótese de que nosso mecanismo psíquico tenha-se formado por um processo de estratificação: o material presente sob a forma de traços mnêmicos fica sujeito, de tempos em tempo, a um rearranjo, *de acordo com as novas circunstâncias – a* uma *retranscrição.*[38]

Freud tenta adaptar suas construções à teoria da periodicidade de Fliess, que localiza as fases durante as quais os eventos sexuais definem um tipo de neurose.

Carta n° 127, 16 de maio de 1897:

Ah, como estou contente porque ninguém, ninguém sabe! Ninguém sequer suspeita de que o sonho não é nenhum absurdo, e sim uma realização de desejo.[39]

Nessa carta, Freud apresenta várias passagens que se referem à supervisão e à construção teórica. Ele se orgulha de sua descoberta e participa Fliess.

Carta n° 139, 21 de setembro de 1897:

Será que essa dúvida representa apenas um episódio no avanço em direção a novos conhecimentos?[40]

O honesto e profundo trabalho que Freud empreende nesse momento é quase célebre, e ele está muito feliz – mas será mantido em segredo por algum tempo, como se planejasse apresentar suas ideias a um público maior. No entanto, ele não esconde de Fliess suas descobertas.

Carta n° 142, 15 de outubro de 1897:

Tenho concentrado meu interesse tão exclusivamente na análise que ainda nem sequer tentei experimentar, em vez de minha hipótese de que o recalcamento parte, em todas as situações, do aspecto feminino, e se volta contra o masculino, a hipótese contrária proposta por você.[41]

Embora Fliess tivesse emitido reservas sobre a proposta de Freud, este não parou e continuou o seu caminho.

Carta nº 165, 27 de abril de 1898 – aqui, se trata de uma ampliação da teoria:

Quanto à histeria, tenho várias coisas a lhe dizer, que representam um esclarecimento e uma confirmação de minha conjectura – que, a princípio, defini a etiologia de modo demasiadamente estreito; a parcela da fantasia nela é muito maior do que eu havia pensado no começo.[42]

Carta nº 167, 18 de maio de 1898:

Modificarei o que você quiser e aceitarei de bom grado as contribuições. Estou imensamente feliz por você me estar oferecendo a dádiva do Outro, do crítico e leitor – e, ainda por cima, |um Outro| de sua categoria. Não consigo escrever inteiramente sem platéia, mas não me importo nem um pouco em escrever só para você.[43]

Novamente observa-se que, no plano teórico, Freud designa Fliess como seu "público". Os comentários deste são esperados e previamente aceitos. Com o tempo, isso não se confirmará.

Carta nº 192, 19 de fevereiro de 1899:

Minha última generalização se manteve firme e parece inclinada a alcançar proporções imprevisíveis. Não apenas os sonhos, como também os ataques histéricos, são realizações de desejos. Isso se aplica aos sintomas histéricos, mas é provável que se aplique em todos os produtos da neurose, pois reconheci-o há muito tempo na insanidade delirante aguda. Realidade e realização de desejo: é desses opostos que emergem nossa vida mental. Creio saber agora o que determina a distinção entre os sintomas que abrem caminho para a vida de vigília e para os sonhos. Para o sonho, basta que ele seja a realização de desejo do pensamento recalcado, pois os sonhos são mantidos à distância da realidade. Mas o sintoma inserido em meio à vida, precisa ser mais uma coisa: precisa também ser a realização de desejo do pensamento recalcador. O sintoma surge quando o pensamento recalcado e o recalcador se unem na realização de um desejo. O sintoma é a realização de desejo recalcador, por exemplo, sob a forma de uma punição; a autopunição é o substituto final da autogratificação, que provém da masturbação.[44]

Freud mantém em expansão seu desenvolvimento teórico sobre os sonhos. Na mesma carta, continua a discutir com Fliess sobre questões clínicas a partir de avanços teóricos.

Carta nº 207, 22 de julho de 1899:

Agora, não entendo o que é que você quer ver, e quando. Devo mandar-lhe este primeiro capítulo? E depois as revisões sucessivas, antes de remetê-las ao editor?[45]

Mesmo que perguntasse a Fliess – que, nesse momento, está na posição do Outro – o que este achava dos escritos a serem enviados ao editor, sua eventual revisão não parece interessar a Freud.

Carta nº 208, 1º de agosto de 1899:

Estou-lhe enviando as primeiras provas do capítulo introdutório (da literatura) em dois envelopes, ao mesmo tempo. Se houver alguma coisa a que você faça objeção, mande-me a página com seus comentários; ainda há tempo de usá-los, até a segunda ou terceira provas. É impossível dizer-lhe o bem enorme que me faz seu vivo interesse nesse trabalho. Infelizmente, esse capítulo se revelará uma dura prova para o leitor...

A perda do grande sonho que você eliminou será compensada pela inserção de uma pequena coletânea de sonhos (sonhos inofensivos e absurdos; cálculos e discursos nos sonhos; afetos nos sonhos). Apenas o último capítulo, o psicológico precisa ser reelaborado, e talvez eu cuide dele em setembro e o mande a você sob a forma de manuscrito, ou então... leve-o eu mesmo.[46]

Freud lamenta a perda do sonho com Martha, que o retirou por pedido de Fliess, mas tenta enriquecer suas construções elaboradas a partir desse mesmo sonho.

Carta nº 271, 19 de setembro de 1901:

Não compreendo sua resposta a respeito da bissexualidade. Obviamente, é muito difícil nos entendermos. Decerto não tive nenhuma intenção de fazer coisa alguma senão elaborar minha própria contribuição para a teoria da bissexualidade, aperfeiçoando a tese de que o recalcamento e as neuroses, e, portanto, a independência do inconsciente, pressupõe a bissexualidade.[47]

Carta nº 278, 11 de março de 1902:

Verifiquei que minha clínica se havia quase desvanecido; retirei de publicação meu último trabalho, porque, pouco antes, perdera em você minha última platéia.[48]

A correspondência foi interrompida e Freud sofre.

Foi a partir da transferência analítica e das cartas trocadas com Fliess que Freud fez sua "autoanálise". Fliess foi um colega, um mestre e um crítico das elaborações freudianas.

A divergência sobre a bissexualidade parece ter sido significativa na ruptura da amizade. É possível concluir que eles tinham concepções diferentes sobre essa questão – e que Fliess obedeceu a um sistema delirante, um sistema que estará presente em toda a sua construção teórica.

Fliess ocupa, então, dois lugares fundamentais da formação psicanalítica: formação teórica e análise pessoal. À sua formação médica, que dizia ser menos consistente do que a de Fliess, Freud acrescentou estudos em psicologia então vigentes, bem como literatura e filosofia. Segundo ele, esta última lhe despertou maior interesse.

Resta ainda um elemento da tríade da formação do psicanalista Freud a ser demonstrado, ou seja, a supervisão de sua prática. Freud se esforçava para não se desviar do seu caminho, de suas descobertas, tanto na sua "autoanálise" quanto no que se desdobra em cada caso que recebe.

Embora Freud saiba que Fliess não compartilha o conjunto de suas teorias, o que ele pensa sobre elas continua sendo importante. Ele permanece atento ao que Fliess possa lhe dizer sobre a coerência no acompanhamento dos casos em relação a sua construção teórica.

Para que se supervisionar?

Nas correspondências entre Freud e Fliess, a supervisão se apresenta de forma muito sutil, portanto, faz-se necessário extrair essas sutilezas, a fim de interrogá-las. Nota-se que fazer a distinção entre o que é parte da supervisão – que difere da construção teórica – e o que faz parte da análise pessoal de Freud é uma difícil tarefa, pois a supervisão está localizada em uma área intermediária entre a análise e a construção teórica. Fliess desempenhou um papel triplo em relação a Freud e, desse modo, se expôs a reações inesperadas. Apesar de a correspondência e a amizade entre eles terem chegado ao fim, ainda é possível verificar um resquício de transferência.

Pelo que se pode extrair das cartas de Freud, sustenta-se que a supervisão já estava presente mesmo quando Freud ainda não havia feito um princípio de formação. A supervisão não é uma estrutura imposta de forma burocrática, mas uma arquitetura lógica, não sobreposta às construções de Freud, que emerge e, ao mesmo tempo, as torna possíveis – de onde vem uma insistência sobre o fato de que o acesso para a formação analítica não é possível senão por meio do tripé básico.

Carta nº 30, 29 de setembro de 1893:

Que o seu diagnóstico estava certo é algo que eu já sabia, já que você destrói todas as minhas faculdades críticas e realmente creio em você em tudo.[49]

Já em 1893, Freud exprime que sua confiança em Fliess diz respeito à clínica.

Carta nº 31, 6 de outubro 1893:

Ontem, por exemplo, examinei quatro casos novos cuja etiologia, conforme a cronologia, só pode ser o coito interrompido.[50]

Freud procura adaptar-se à teoria de Fliess em suas próprias descobertas clínicas e espera que este último possa fazer suas observações e orientações.

Carta nº 38, 7 de fevereiro de 1894:

Você tem razão – o vínculo entre a neurose obsessiva e a sexualidade nem sempre é tão óbvio. Posso assegurar-lhe que, em meu caso 2 (premência urinária), também não foi fácil de localizar; alguém que não o tivesse buscado [...].[51]

Nessa carta, a teoria parece ser o ponto mais importante da discussão. No entanto, a referência ao caso clínico vem atestar o fato de que é a prática que ocupa o primeiro plano.

Carta nº 42, 21 de maio de 1894:

Marion Delorme não foi uma preciosidade? Não será incluída na coleção com Breuer porque, supostamente, o segundo patamar – o do fator sexual – não deve ser revelado ali. O caso clínico que estou agora escrevendo – uma cura – está entre meus trabalhos mais difíceis. Você poderá vê-lo antes de Breuer, se o devolver prontamente. Dentre os pensamentos lúgubres dos últimos meses, havia um que vinha em segundo lugar, logo atrás da mulher e dos filhos: o de que eu não mais conseguia provar a tese sexual. Afinal, ninguém quer morrer imediata ou completamente.[52]

Segundo Masson, Freud, com o nome de "Marion Delorme", faz referência a um personagem de Victor Hugo e lamenta sobre não ser capaz de incluir o caso em suas notas devido a seu conteúdo sexual. Previne Fliess sobre o envio de seu trabalho sobre um caso difícil e não parece solicitar sua orientação, mas deseja que este o leia antes de enviar a Breuer, com quem a relação, nesse momento, é complicada. Essa atitude sugere que, de certa forma, Freud deseja que Fliess comente, que diga alguma coisa sobre o que ele está tentando construir.

Carta nº 49, 23 de agosto de 1894:

Hoje há dois anexos, pois na última vez, esqueci de mencionar que a epicrise |discussão crítica| viria a seguir, e essa, afinal, é a única coisa que proporciona uma espécie de substituição do relato verbal. Além disso, segue mais um caso, que colhi na cidade na segunda-feira.
[...]
Por conseguinte, pode-se esperar que, no caso do Sr. K., a superficial neurose de angústia tenha-se originado numa etiologia superficial. Onde é possível buscá-la sem preconceitos?[53]

Além de apresentar uma situação que considera um caso simples, Freud enfatiza a questão *hereditária* para explicar o quadro. Pergunta a Fliess como enfrentar as consequências da masturbação na vida sexual do paciente sem cair em preconceitos. Ele alivia Fliess, dispensando a pressa na resposta, já que o amigo se encontra em um período de fortes dores de cabeça.

Carta nº 50, 29 de agosto de 1894:

Afirma que sua potência foi sempre instável, admite a prática da mastur-bação, mas não demasiadamente prolongada; vem agora de um período de abstinência. Antes disso, estados de angústia à noite. Será que fez uma confissão completa?[54]

Nessa carta Freud expõe vários casos, entre os quais um não o convence totalmente. Um ponto que nos parece interessante é que ele se pergunta se o paciente lhe estaria escondendo alguma coisa.

Manuscrito H, 24 de janeiro 1895:

A Sra. M. será bem-vinda; se trouxer dinheiro e paciência, faremos uma boa análise. Se, nesse processo, houver alguns lucros terapêuticos para ela, também ela há de ficar satisfeita.[55]

Nessa passagem, Freud se pergunta sobre o fato de aceitar ou não pacientes, destacando sua situação financeira. Confia a Fliess suas dificuldades econômicas e pergunta sobre o que fazer para que os pacientes venham a seu consultório. Pelos trechos extraídos apresentados mais adiante, pode-se ver Freud como um jovem analista às vezes preocupado com seus ganhos e tomado por uma ética que não admite nenhuma negociação nesse nível.

Carta nº 56, 8 de março de 1895:

Acabo de receber sua carta e posso respondê-la de imediato. Felizmente, vejo o caminho com clareza, estou tranquilo a respeito da Srta. Eckstein e posso fazer-lhe um relatório que, provavelmente, irá aborrecê-lo tanto quanto a mim, mas espero que você supere tão depressa quanto eu.
[...]
Logo voltarei a escrever-lhe e, acima de tudo, farei um relatório minucioso sobre Emma E. No mais, cientificamente, estou muito desolado.[56]

Aqui está um caso com diagnóstico de histeria enviado a Freud, que, quando ouve atentamente a história, vai diagnosticar um caso de sífilis e enviar a paciente a um tratamento médico adequado. Freud não está muito interessado, mas provavelmente o faz em deferência a Fliess. Veremos, nas cartas de abril e maio de 1896, que Freud vai voltar a esse caso e fazer conexão com a sexualidade.

Carta n° 59, 28 de março de 1895:

Da próxima vez vou mandar-lhe um maço de anotações de uma análise que estou conduzindo agora, porque é muito louca. Mas não sei se será possível desfrutar dela sem meus comentários, e se não seria preferível deixar isso para uma hora em que estejamos juntos.[57]

Mais uma vez, nota-se a importância da presença física. O termo "saborear" sugere, por um lado, que Fliess se utiliza das descobertas de Freud por se apoiar na demonstração, nos "comentários", e, por outro lado, que suas próprias pesquisas não o levam a um avanço representativo.

Carta n° 79, 31 de outubro de 1895:

Felizmente para mim, todas estas teorias precisam fluir para o estuário clínico do recalcamento, onde tem oportunidades diárias de ser corrigido ou esclarecido. Meu caso de "timidez" deverá estar concluído ao final de 1896. Ele desenvolveu uma histeria na juventude e, posteriormente, apresentou delírios de referência. Sua história quase transparente deverá esclarecer-me alguns pontos questionáveis. Um outro homem (que não ousa sair às ruas por causa de suas tendências homicidas) deverá ajudar-me a resolver outro quebra-cabeças.[58]

Nessa passagem, é importante destacar o propósito de Freud de que suas teorias fluíssem para a clínica. Ele elabora uma construção teórica e, em seguida, a submete à prova, a ser verificada clinicamente. É a partir de Fliess que Freud procura confirmar a coerência na construção clínica e nos permite dizer que o primeiro ocupa o lugar de supervisor para o segundo.

Carta n° 82, 29 de novembro de 1895:

Sinto-me, de fato, surpreendentemente bem, como não me sentia desde o início da história toda. Além disso, já não tenho pus algum, apenas muita

secreção e muco. A propósito, jamais duvidei do sucesso de suas pequenas
intervenções cirúrgicas e, assim, sendo, conquistei meu bem-estar. Estou
em excelente forma para trabalhar, tenho nove a onze horas de trabalho
árduo e seis a oito casos analíticos por dia – coisas lindíssimas, é claro;
toda sorte de materiais novos. Estou inteiramente perdido para a ciência.[5]

Aqui, Freud exprime sua satisfação com o seu compromisso na clínica, incluindo o tempo gasto recebendo pacientes.

Carta nº 84, 8 de dezembro de 1895:

Será que já lhe escrevi que as ideias obsessivas são invariavelmente recri-
minações, ao passo que, na raiz da histeria há sempre um conflito (prazer
sexual, ao lado, possivelmente, de um desprazer concomitante)? Essa é
uma nova maneira de expressar a solução clínica. Agora mesmo, tem
alguns belos casos mistos das duas neuroses e espero obter deles revelações
mais íntimas sobre o mecanismo essencial envolvido.
Sempre respeito sua opinião, mesmo no que concerne a meu trabalho
psicológico.[60]

Essa última frase reforça a posição de Freud, seu respeito pela opinião de Fliess. No entanto, é claro que, no que diz respeito ao trabalho psicológico introduzido por ele, as habilidades de Fliess não estão à altura. De qualquer forma, a função de Fliess como supervisor surgiu aqui.

Manuscrito J, fim de 1895:

O raciocínio é o seguinte: parti do pressuposto de que o estado dela, na
ocasião, teria sido uma crise de angústia – uma liberação de sensações
sexuais transformadas em angústia.
[...] A senhora certamente não ficou assustada com marido e saudade;
logo, ainda nos faltam algumas outras ideias, que seriam mais apropriadas
ao medo. Mas ela acrescentou ter sempre sentido medo da dor da relação
sexual, mas disse que a saudade fora muito mais forte do que o medo

da dor. Nesse ponto interrompemos [...] Ali estava, portanto, a cena 2, em que se tocara por associação na cena 1. Mas devemos admitir que, também nesse caso, havia lacunas na memória dela. Deve ter havido outras ideias para explicar a liberação das sensações sexuais e de medo. Solicitei esses elos intermediários, mas em vez disso, foram-me fornecidos os motivos. A totalidade da vida no palco lhe fora desagradável. Por quê? Por causa da rispidez do diretor e das relações dos atores entre si. Pedi detalhes a esse respeito.[61]

No Manuscrito J, Freud apresenta o caso da Senhora P. J. como um caso de pânico e apresenta seu raciocínio clínico para tentar explicá-lo. Apresenta suas intervenções e o modo com que conduziu o tratamento. Isso certamente pode ser entendido como um processo de supervisão de seu trabalho.

Carta nº 91, 16 de março de 1896:

Vou levar-lhe mais uma coisa: um caso de dipsomania que foi solucionado de maneira muito óbvia, de acordo com meu esquema.[62]

Freud afirma que o caso de que se fala foi resolvido, pois o tratamento surtiu efeitos. Diz que o que observa, naquele momento, representa um bloco de mineral bruto contendo uma quantidade incalculável de metais preciosos. Freud praticamente pede desculpa a Fliess após este insistir sobre a via da psicologia.

Carta nº 93, 2 de abril de 1896:

Quando jovem, eu não conhecia nenhum outro anseio senão o de conhecimentos filosóficos, e agora estou prestes a realizá-lo, à medida que vou passando da medicina para a psicologia. Tornei terapeuta contra a minha vontade; estou convencido de que dadas certas condições relativas à pessoa e ao caso, posso definitivamente curar a histeria e a neurose obsessiva.[63]

Carta nº 94, 16 de abril de 1896:

Só tenho a registrar umas poucas ideias nascidas do meu trabalho cotidiano sobre o reino do intermediário, como um reforço genérico da impressão de que tudo é como suponho que seja, e, portanto, de que tudo será esclarecido. Entre elas, há uma explicação complementar surpreendente das hemorragias de Eckstein – que lhe dará grande prazer.[64]

Vemos, nessas cartas, que Freud passa da medicina para a psicologia. Tornou-se terapeuta sem ter tido realmente essa vontade, e porque, aqui, seu desejo está comprometido: tem a convicção de que aquilo que está desenvolvendo pode curar.

Carta nº 95, 26 de abril de 1896:

Conseguirei provar-lhe que você estava com a razão, que os episódios de sangramento dela eram histéricos, que eram provocados por saudade e que ocorreram, provavelmente, nas ocasiões sexualmente importantes?[65]

Carta nº 99, 4 de junho de 1896:

As datas significativas de Eckstein, infelizmente, não podem ser obtidas, pois não foram anotadas no sanatório. O caso dela está se tornando ainda mais claro; não há dúvida de que suas hemorragias deveram-se a desejos; ela teve vários incidentes similares, entre eles algumas simulações francas na infância. Seu nariz, mais uma vez, farejou as coisas acertadamente. A propósito, ela tem passado excepcionalmente bem.[66]

Freud está no caso *Eckstein et la dit cette fois-hystérique*, no qual parece insistir, a fim de vincular sua teoria sobre a sexualidade à de Fliess.

Carta nº 101, 30 de junho de 1896:

Você me ensinou que há um germe de verdade em cada crendice popular absurda, e posso dar-lhe um exemplo disso. Certas coisas não devem ser mencionadas nem mesmo por brincadeira, para que se tornem realidade.[67]

Carta nº 102, 15 de julho de 1896:

Acabo de receber sua carta e fiquei satisfeito com tudo o que terei a ouvir de você.[68]

Freud, nessa carta, expressa que muito espera de Fliess.

Carta nº 106, 29 de setembro de 1896:

Propus que eles trouxessem a menina a Viena e tentassem a organoterapia. Que me diz disso?[69]

Nessa passagem, é óbvio o lugar de professor conferido a Fliess.

Carta nº 109, 2 de novembro de 1896:

Talvez eu lhe conte algumas coisinhas amalucadas em troca de suas maravilhosas ideias e descobertas. Menos apreciáveis são as condições de minha clínica este ano, das quais sempre depende meu estado de ânimo. Com o coração e o nariz, estou novamente satisfeito.[70]

Mais uma vez Freud descreve as condições para o desenvolvimento de sua clínica e espera ideias revigorantes da parte de Fliess.

Carta nº 112, 6 de dezembro de 1896:

Hoje, depois de ter desfrutado, por uma vez na vida, da dose integral de trabalho e honorários de que preciso para meu bem-estar (dez horas e cem florins) estou morto de cansaço e mentalmente revigorado; tentarei fazer-lhe um relato simples da última especulação.[71]

Carta nº 113, 17 de dezembro de 1896:

Embora eu esteja ciente das inexatidões e lacunas da superestrutura e do íntimo rigor da infra-estrutura, não quis esconder de vocês essas reflexões. Em primeiro lugar, você não é nenhum Breuer a quem não se possa mostrar nada que não esteja concluído. Em segundo, é possível que tenha sucesso em dissuadir-me por completo de usar seus períodos dessa maneira.[72]

Freud reconhece se servir das teorias de Fliess na medida em que elas lhe convêm para a sua própria construção. Mostra também sua confiança para com ele ao apresentar-lhe seus pensamentos ainda na fase de germinação.

Carta nº 115, 3 de janeiro de 1897:

Em nosso próximo congresso, espero que haja coisas importantes para conversarmos. Acho que na Páscoa, no máximo, talvez em Praga. Quem sabe, nessa época, eu já tenha levado um caso a termo.
[...]
O trabalho para Nothnagel deverá estar pronto dentro de duas semanas. Também posso dar-lhe algumas notícias sobre G. de B. Seu diagnóstico estava absolutamente correto.[73]

Ao mesmo tempo em que Freud expressa sua satisfação em constatar o progresso em seu trabalho, mais uma vez coloca Fliess na posição de mestre na matéria do diagnóstico.

Carta nº 127, 16 de maio de 1897:

Ah, como estou contente porque ninguém, ninguém sabe! Ninguém sequer suspeita de que o sonho não é nenhum absurdo, e sim uma realização de desejo.
[...] Mas, refeito como estava, superei isso com facilidade e disse a mim mesmo: pois então, esperarei ainda mais até que um tratamento seja concluído, isso deve ser possível e precisa ser feito.[74]

A citação dos irmãos Grimm utilizada por Freud é interessante porque não inclui Fliess em suas descobertas, é como se ele estivesse absolutamente só. O "público" tem uma função clara, a quem se endereça.

Carta nº 139, 21 de setembro de 1897:

E agora quero confiar-lhe, de imediato, o grande segredo que foi despontando lentamente em mim nestes últimos meses. Não acredito mais em minha neurótica |*teoria das neuroses*|. *Provavelmente, isso não será inteligível sem uma explicação; afinal, você mesmo considerou digno de crédito aquilo que pude lhe contar.*
[...] Será que essa dúvida representa apenas um episódio no avanço em direção a novos conhecimentos?
[...] É mais fácil para você; você pode inspecionar tudo o que lhe apresento e criticá-lo vigorosamente.[75]

O célebre episódio do percurso de Freud é bastante significativo em termos do relacionamento que tem com Fliess. Essa passagem da carta nº 141, de 3 de outubro de 1897, fala por si:

Ainda há muito poucas coisas acontecendo comigo externamente, mas, internamente, há algo muito interessante. Nos últimos quatro dias, minha autoanálise, que considero indispensável para o esclarecimento de todo o problema, prosseguiu nos sonhos e me forneceu as mais valiosas elucidações e indícios

[...]

As crianças voltarão amanhã de manhã. O trabalho ainda vai muito mal. Temo que, se melhorar, venha a representar um obstáculo para minha autoanálise. Minha compreensão de que as dificuldades do tratamento se devem ao fato de que, no final das contas, o que se faz é desnudar as más inclinações do paciente, seu desejo de permanecer doente torna-se cada vez mais forte e mais clara. Vamos ver o que acontece.[76]

Ao mesmo tempo em que Freud conclui sobre a posição do paciente, recusando-se a ignorar seu sintoma – tomando a clínica e a teoria com extrema importância –, é apreendido como um caso clínico que foi tratado por outro. Podemos considerar que se trata de sua "autoanálise", sem, no entanto, se esquecer de levar em conta o fato de que está assumindo o caso apenas como aquele de um outro que pode supervisionar seu método. Não é Fliess quem faz interpretações sobre o paciente nesse momento, mas o próprio Freud. Tomando seu próprio caso como objeto de análise e submetendo-se, então, à supervisão, Freud indica o lugar de supervisor ocupado por Fliess. Notamos que, mesmo que Freud mantivesse Fliess no lugar de "público", sua solidão é evidente.

Carta nº 142, 15 de outubro de 1897:

O que consigo dizer-lhe sobre as fronteiras da alma |Seelenende| neste mundo encontra em você um crítico compreensivo.[77]

Carta nº 145, 5 de novembro de 1897:

Estou pensando muito seriamente em voltar a explorá-lo por um dia; a coisa só funciona quando conversamos, e sinto uma falta imensa do prazer intelectual de entender algo novo. Com vistas à economia, gostaria de saber se você tem planos de vir aqui no Natal.[78]

Novamente a discussão aparece como algo fundamental na relação entre Freud e Fliess, seja no sentido de análise, seja de supervisão, seja de construção teórica.

Carta nº 152, 29 de dezembro de 1897:

Talvez você saiba que aqui em Viena é possível referir-se às mulheres como lindas "joaninhas". A babá e primeiro amor dele, era francesa; na verdade, ele aprendeu a falar francês antes de aprender o alemão. Você deve estar lembrando de nossas discussões sobre o uso das palavras "enfiar", "privada" e semelhantes.[79]

Freud apresenta o caso do Sr. E. articulando descobertas clínicas à teoria, a fim de ser supervisionado por Fliess.

Carta nº 162, 24 de março de 1898:

Espero que você me fale mais sobre muitos aspectos específicos quando nos encontrarmos. Não irá recusar-me as obrigações de primeira platéia e juiz supremo. Gostaria de me apropriar de seus comentários sobre os sonhos de enxaqueca; não estou familiarizado com tais sonhos por minha própria experiência pessoal e, portanto, tê-los-ia omitido.[80]

Os comentários de Fliess reverberam sobre Freud, mas parece que importam pouco, e apenas sua função de "público" é solicitada.

Carta nº 165, 27 de abril de 1898:

Quanto à histeria, tenho várias coisas a lhe dizer, que me representam um esclarecimento e uma confirmação de minha conjectura – que, a princípio, defini a etiologia de modo demasiadamente estreito; a parcela da fantasia nela é muito maior do que eu havia pensado no começo.[81]

Além do sentido teórico, essa carta mostra a posição de Freud frente a seu "público"; uma posição que consiste em "dizer", "definir", "pensar" e "expor". Anuncia que sua teoria será elucidada e confirmada. Supomos que seja baseada em um caso clínico.

Carta nº 167, 18 de maio de 1898:

Modificarei o que você quiser e aceitarei de bom grado as contribuições. Estou imensamente feliz por você me estar oferecendo a dádiva do Outro, do crítico e leitor – e, ainda por cima, (um Outro) de sua categoria. Não consigo escrever inteiramente sem platéia, mas não me importo nem um pouco em escrever só para você.[82]

Novamente, a maior preocupação de Freud gira em torno do encontro com Fliess, de quem espera os comentários sobre seus escritos. Embora o tema circunde a construção da ciência dos sonhos, o efeito da presença de Fliess, seu "público", é apresentado.

Carta nº 170, 20 de junho de 1898:

De onde vem o material para criar o romance – adultério, filhos ilegítimos e coisas semelhantes? Em geral, os círculos sociais inferiores das criadas.[83]

Quando Freud analisa *Die Richtering*[84], coloca a questão da origem dos elementos que tiveram peso na criação desse romance. Sua resposta "os círculos sociais inferiores das criadas" sugere que eles já tivessem trocado cartas sobre esse caso clínico. A pergunta e a resposta, que é bastante longa, também sugerem que Freud tenta apresentar suas interpretações à supervisão de Fliess.

Carta nº 178, 27 de setembro de 1898:

Comecei um caso novo, de modo que o estou abordando sem nenhuma preconcepção.

[...]

Ora, uma criança que molha habitualmente a cama até os sete anos (sem ser epiléptica ou coisa parecida) deve ter experimentado alguma excitação sexual em época mais precoce da infância. Espontânea ou por sedução? Aí está, e isso deve conter também a determinação mais específica no tocante às pernas.[85]

Mais uma vez, Freud expõe um caso a Fliess, questionando sobre o sintoma da criança, que deve ser decifrado pelo adulto. Construiu o caso, submeteu-o a Fliess e espera dele uma crítica.

Carta nº 196, 13 de abril de 1899:

Em vista de minha renda decrescente, deixei de lado um plano secreto: o de investigar em setembro o que você me deixou de Nápoles.[86]

Freud está sempre esperando algo de Fliess. O importante é a espera.

Carta nº 208, 1º de agosto de 1899:

Quanto mais longe fica o trabalho do ano passado, mais satisfeito me sinto. Mas a bissexualidade! É claro que você tem razão quanto a ela. Estou-me acostumado a encarar cada ato sexual como um processo em que há quatro indivíduos envolvidos. Temos muito a discutir sobre esse tema.[87]

O tema da bissexualidade, introduzido por Fliess, é valorizado por Freud, que, no entanto, vai se desviar de seus posteriores desenvolvimentos.

Carta nº 227, 26 de novembro de 1899:

A Srta. G. é um osso duro de roer, mas o trabalho, é claro, não deixa de ser promissor, uma vez que descobri toda sorte de coisas novas. Estou mantendo uma espécie de diário a respeito dela, o qual, mais tarde, poderá proporcionar-lhe um vislumbre da técnica e da natureza do caso.[88]

Freud fala de forma descontraída, mesmo que se tratasse de um "caso pesado". Isso ainda não exclui o caráter próprio da supervisão, ou seja, trata-se também de ouvir quem conduz o praticante a mitigar o caso na sua apresentação.

Carta nº 228, 9 de dezembro de 1899:

É possível que eu tenha logrado êxito, recentemente, em ter um primeiro vislumbre de uma coisa nova. O problema que me confronta é o da "escolha da neurose". Quando é que uma pessoa fica histérica, em vez de paranóide? Em minha primeira tentativa grosseira, feita numa época em que eu ainda estava tentando tomar a cidadela à força, achei que isso dependia da idade em que ocorria o trauma sexual.[89]

A reorientação dada por Freud em sua construção teórica produz efeitos sobre o trabalho clínico. Essa passagem contém, por sua vez, o avanço teórico e a questão política à qual Freud é confrontado. Fliess foi, aqui também, um interlocutor.

Carta nº 230, 24 de dezembro de 1899:

Seguindo seu conselho, estou deixando que a teoria cresça naturalmente.[90]

O que foi dito do excerto anterior aplica-se a também a esse.

Carta nº 242, 16 de abril de 1900:

E. concluiu finalmente sua carreira como paciente, comparecendo a um jantar em minha casa. O enigma dele está quase completamente solucionado; ele está em excelente forma, com a personalidade inteiramente mudada. No momento, resta um remanescente dos sintomas.

Estou começando a entender que a aparente eternidade do tratamento é algo que ocorre regularmente e que está ligado à transferência. Espero que esse remanescente não desmereça o sucesso prático. Eu poderia ter continuado o tratamento, mas tive a sensação de que tal prolongamento seria um compromisso entre a doença e a saúde, que os próprios pacientes desejam, e o médico, portanto, não deve concordar com ele. A conclusão assintótica do tratamento não faz, basicamente, nenhuma diferença para mim, mas é uma decepção a mais para as pessoas de fora. De qualquer modo, ficarei de olho no homem. Uma vez que ele teve que suportar todos os meus erros técnicos e teóricos, penso, de fato, que um caso futuro poderia ser resolvido em metade do tempo. Oxalá o Senhor agora envie esse próximo caso. L.G. está indo muito bem. Não há mais nenhuma possibilidade de fracasso.[91]

Freud, honestamente, assume a condução desse caso e pergunta a Fliess o que ele pensa. Aqui também se trata de uma prática de supervisão da clínica.

Carta nº 243, 25 de abril de 1900:

O "tempo terrível" foi tomado de empréstimo de uma paciente que, no momento, está despertando meu mais vivo interesse, porque, finalmente, na sexta temporada, estou na trilha do segredo dela. Os erros de técnica me impediram de descobri-lo mais cedo.

[...]

A paciente de quem tratei durante duas semanas e que depois descartei como um caso de paranoia enforcou-se, nesse meio tempo, num quarto de hotel (Sra. Margit Kremzir).

Não tive êxito em conseguir nenhum paciente novo. O último a deixar de aparecer foi um menino de doze anos, neto do pintor Alt. Embora tivéssemos combinado que ele viria semanas atrás, supõe-se que tenha adoecido no dia em que deveria começar.[92]

Na presente carta, bem como nas duas seguintes, Freud parece estar em algum tipo de supervisão imposta. Tem pouco a dizer, não há perguntas, e, então, tira informações como uma espécie de registro.

Carta nº 248, 12 de junho de 1900:

Discutiremos a menina em agosto, a menos que ela seja prematuramente arrancada de mim.[93]

Carta nº 249, 18 de junho de 1900:

A garotinha de treze anos é muito interessante e nos dará muito que discutir.[94]

Carta nº 270, 7 de agosto de 1901:

O que está fazendo sua esposa senão pôr em prática, numa compulsão atroz, uma idéia que Breuer lhe plantou na mente certa vez, quando lhe disse como era grande a sorte dela por eu não morar em Berlim e não poder interferir em seu casamento? Também nisso você chegou ao limite de sua perspicácia; toma partido contra mim e me diz que "o leitor de pensamentos lê apenas seus próprios pensamentos nas outras pessoas", o que invalida todos os meus esforços.

[...] Ele está repleto de referências a você – manifestas, para as quais você forneceu o material, e ocultas, cuja motivação remonta a você. À parte qualquer outra coisa que possa restar do conteúdo, você pode encará-lo como um testemunho do papel que você desempenhou para mim até agora. [...] Precisarei de aproximadamente seis meses para reunir o material e espero descobrir que agora é possível executar esse trabalho. Mas, nesse caso, vou precisar de uma discussão longa e séria com você. A ideia é sim sua. Você se recorda de eu lhe ter dito, anos atrás, quando você ainda era especialista e cirurgião nasal, que a solução estava na sexualidade. Muitos anos depois, você me corrigiu, dizendo que estava na bissexualidade – e vejo que tinha razão. Assim, talvez eu precise tomar ainda

mais coisas de empréstimo a você; talvez meu senso de honestidade me obrigue a pedir-lhe que seja co-autor do trabalho comigo; desse modo, a parte anátomo-biológica ampliaria seu alcance – a parte que, se eu fizesse sozinho, seria minguada. Eu me concentraria no aspecto psíquico da sexualidade e na explicação do neurótico. Esse é, portanto, o próximo projeto para o futuro imediato, que espero torne a unir-nos adequadamente também nos assuntos científicos.[95]

Essa passagem demonstra mais uma vez a tentativa de Freud em articular sua apreensão sobre a sexualidade e a noção de bissexualidade de Fliess e reconhecer o que deve a este. A amizade entre eles está em queda acentuada, a esposa de Fliess tem feito muito por esse distanciamento.

Carta nº 271, 19 de setembro de 1901:

Em meu íntimo, sei que o que você disse sobre minha atitude perante seu grande trabalho é injusto. Sei quantas vezes pensei nele com orgulho e vibração e como fiquei perturbado quando não consegui acompanhar uma ou outra conclusão sua. Você sabe que me falta todo e qualquer talento matemático e que não tenho memória para números e medidas [...] [...] Para quem continuo a escrever? Se, no instante em que uma interpretação minha o deixa pouco à vontade, você fica pronto a concordar em que o "leitor de pensamentos" não percebe nada no outro, meramente projetando seus próprios pensamentos, você também já não é mais minha plateia e deve encarar todo o meu método de trabalho como tão imprestável quanto os outros o consideram.[96]

Nessa correspondência, Freud expressa sua discordância e também a divergência entre seus caminhos. Embora Freud, devido a sua transferência com Fliess, tivesse tentado incluir a pesquisa deste, ela permaneceu longe de seu próprio trabalho. Freud também considera que Fliess não o acompanhou como gostaria que tivesse feito. A decepção ao seu "público" é certa.

Carta n° 274, 2 de novembro de 1901:

Minha carta acabrunhada, à qual você respondeu com informações válidas, foi conseqüência de eu ter sido tomado pelas montanhas de dificuldades que ela empilhou diante de mim. Não serei tão facilmente feito de tolo uma segunda vez, ou, pelo menos, essa é minha intenção. De qualquer modo, ela é uma pessoa interessante e que vale a pena. Fico contente em poder dizer-lhe isso e cumprimento-o cordialmente.[97]

Graças às cartas de Freud, é possível afirmar que a supervisão foi administrada sem cálculo. Na verdade, Fliess não ocupou esse lugar estabelecido previamente; aconteceu durante as descobertas de Freud, como uma necessidade interna de sua invenção.

A formação do psicanalista se apoia no tripé básico em torno do qual se articula a transferência. É impossível chegar à psicanálise por qualquer meio que seja – medicina, psicologia, filosofia, matemática – sem que a relação com o inconsciente esteja estabelecida.

Rastrear a prática da supervisão na obra freudiana é mais difícil do que traçar os caminhos percorridos da construção teórica e da análise pessoal. É necessário vasculhar as referências sobre o tema para estabelecer a sua história, ou melhor, sua pré-história. Sua importância para a psicanálise só foi apreendida mais tarde, quando se tornou uma prática rigorosa.

Entre as correspondências trocadas entre Freud e Fliess, algumas evidenciam como os três elementos – formação analítica, análise pessoal e formação teórica – podem se cruzar. Algumas são apresentadas:

Carta n° 63, 27 de abril 1895:

Muito obrigado por seus comentários sobre a angústia. A história bíblica é notável; tenho que procurá-la e indagar a um estudioso do hebraico sobre o sentido da palavra. Ou será que você é também um estudioso desde os tempos da juventude?[98]

Essa passagem diz respeito, por um lado, à análise pessoal – uma vez que o próprio Freud se encontra angustiado e o recebimento de uma carta de Fliess o tranquiliza – e, por outro lado, à supervisão, já que as contribuições de seu interlocutor fazem Freud trabalhar ainda nesse tema. A suposição sobre o saber continua.

Carta nº 98, 30 de maio de 1896:

Você não precisa expressar nenhuma opinião sobre as questões que relatei no começo; já admiti que há nelas mais especulação do que de hábito; mas a coisa simplesmente se recusava a me deixar em paz.[99]

Mais uma vez, Freud leva em conta as observações de Fliess. Ele precisa de um Outro a quem se endereçar em seus escritos, mas também de um Outro crítico, que o oriente com textos e lhe indique suas contradições.

Carta nº 141, 4 de outubro de 1897:

O sonho poderia ser resumido como mau tratamento. Assim como a velha recebia dinheiro de mim pelo mau tratamento que me dispensava, hoje recebo dinheiro pelo mau tratamento dado a meus pacientes. Um papel especial foi desempenhado pela Sra. Q., cujo comentário você relatou: que eu não deveria cobrar nada dela, já que era esposa de um colega [ele, é claro, impôs a condição de que eu cobrasse].[100]

Os sonhos de Freud revelam sua posição em relação ao caso. Isso indica que sua supervisão da clínica se articula a sua análise pessoal e a suas construções teóricas.

Carta nº 158, 23 de fevereiro de 1898:

As interrupções de suas cartas têm como efeito deixar-me duplamente descontente: primeiro, porque passo então a sentir ainda mais falta do

Outro do que de hábito; segundo, porque passo a suspeitar de que a razão seja alguma coisa ruim.

[...]

Diversos capítulos do livro dos sonhos já estão completos; ele está saindo primorosamente e me leva muito mais a fundo na psicologia do que eu havia imaginado. Todas as novas formulações estão no extremo filosófico; não surgiu absolutamente nada no orgânico-sexual.[101]

Na mesma carta, Freud expõe aspectos da transferência tanto do ponto de vista da sua análise quanto da supervisão. Embora mantenha Fliess em lugar de importância, Freud declara com honestidade que nada de sexual-orgânico apareceu em suas articulações teóricas.

Carta nº 169, 9 de junho de 1898:

Muito obrigado, também, por sua crítica. Sei que você empreendeu uma tarefa ingrata. Sou suficientemente razoável por reconhecer que preciso de sua ajuda crítica, pois nessa situação, eu mesmo perdi o sentimento de vergonha que exige de um autor. Portanto, o sonho está condenado. Agora que a sentença foi proferida, porém, eu gostaria de derramar uma lágrima por ela e confessar que a lamento e que não tenho nenhuma esperança de encontrar um sonho melhor que o substitua. Como você sabe, um lindo sonho e nenhuma indiscrição... não coincidem.[102]

O sonho a que se refere nessa carta, com Martha Freud, foi suprimido sob o conselho de Fliess. Aqui vemos que o "analista" Fliess garante que o "paciente" não se exponha mais do que o necessário. Nessa passagem são apresentados os elementos relativos à construção teórica e à supervisão, em uma situação na qual Freud é o próprio caso. O sonho "condenado" é fortemente articulado à questão teórica, e, de fato, Freud precisa se apoiar em outros sonhos, menos comprometedores, para continuar a desenvolver a sua teoria. A relutância de Freud para remover esse sonho de seu trabalho e seu esforço para manter um rigor científico em relação aos fatos clínicos mostram a necessidade da supervisão de sua prática. Mesmo que o material tenha sido utilizado tanto de forma teórica como clínica, nasceu de seu próprio caso.

Carta nº 177, 22 de setembro de 1898:

Na conversa, que despertou lembranças que obviamente causaram o recalcamento, falamos sobre a morte e a sexualidade. A palavra Trafio *é, sem dúvida, um eco de Trafoi, que conheci na primeira viagem! Como posso tornar isso crível aos olhos de outrem?*[103]

Aqui, Freud trabalha sobre os elementos de seu inconsciente e, ao mesmo tempo, diz que sua inquietação diz respeito à transmissão daquilo que descobre – um questionamento pertinente. Com efeito, Freud leva seu próprio caso como objeto clínico a ser submetido a seu trabalho, a ser transmitido. Mas como fazer? Como fazer um objeto transmissível que viria provar suas descobertas? Parece-nos que se trata de uma maneira de pedir a Fliess uma chave, de perguntar-lhe como funciona na parte clínica.

Carta nº 215, 21 de setembro de 1899:

Infelizmente, não posso prescindir de você como representante do Outro – e, mais uma vez, tenho outras sessenta páginas para você.[104]

Fliess, como representante do Outro, é aqui essencial tanto para a análise quanto para a supervisão e para a produção teórica.

Carta nº 220, 17 de outubro de 1899:

Que diria você se a masturbação se reduzisse ao homossexualismo e este, ou seja, o homossexualismo masculino (em ambos os sexos), fosse a forma primitiva do anseio sexual? (O primeiro objetivo sexual, análogo ao infantil – um desejo que não se estende para além do mundo interno). E se, ainda por cima, a libido e a angústia fossem masculinas?[105]

Emergem novas questões sobre sexualidade, e vemos que Freud discute praticamente sozinho, já que Fliess continua a se interessar pelo fator orgânico. É uma tentativa de Freud para encontrar em Fliess as respostas às suas perguntas.

Carta nº 278, 11 de março de 1902:

Verifiquei que minha clínica se havia quase desvanecido; retirei de publicação meu último trabalho, porque, pouco antes, perdera em você minha última plateia.[106]

Declarando que não há mais em quem confiar, Freud manifesta seu sofrimento psíquico, um sofrimento que transparece por meio de uma sensível retração no trabalho. A conexão entre a produção teórica e a prática clínica é demonstrada nessa passagem. Freud explicita sua transferência para Fliess nesse desencanto, esse *"rien ne va"*.

Carta nº 286, 26 de julho de 1904:

Até agora, eu não tinha conhecimento do que soube em sua carta – de que você está usando da bissexualidade persistente em seus tratamentos. Conversamos sobre isso pela primeira vez em Nuremberg, quando eu ainda estava deitado e você me contou a história clínica da mulher que sonhava com cobras gigantescas. Na ocasião, você ficou muito impressionado com a ideia de que as correntes subjacentes da mulher pudessem provir da parte masculina de sua psique. Por essa razão, fiquei ainda mais intrigado com sua resistência, em Breslau, à pressuposição da bissexualidade na psique.[107]

A discussão sobre a autoria da bissexualidade parece definir os contornos do conflito entre os dois colegas e marca o fim de suas correspondências. A amizade entre eles praticamente passou, mas constatamos ainda uma forma de transferência que, no entanto, pode ser utilizada no sentido psicanalítico do termo.

Chega-se, portanto, à ideia de que Fliess pode ser considerado não apenas o analista de Freud, mas também o interlocutor de sua construção teórica e, acima de tudo, seu supervisor.

A supervisão na correspondência de Freud com Ferenczi

Em seu texto "Contribuições à história do movimento psicanalítico", Freud diz precisamente que, a partir de 1902, um grupo de jovens médicos se constituiu ao seu redor para "aprender, praticar e difundir o conhecimento da psicanálise"[108]. Esse grupo, conhecido como "Sociedade Psicanalítica das Quartas-feiras", se reunia em sua casa toda quarta-feira.

Essas reuniões surgiram unicamente porque Wilhelm Stekel havia experimentado os efeitos da psicanálise enquanto analisante de Freud. Tornado seu discípulo, Stekel tomou a iniciativa de formar tal grupo de discussões em torno de questões da psicanálise. Otto Rank, apresentado como um importante colaborador, vai se consagrar no aspecto não médico da psicanálise. O ponto forte dessas reuniões baseia-se no ensino da prática psicanalítica, embora Freud tenha propriamente dito que ensinava uma teoria e uma prática em constante evolução.

A "Sociedade Psicanalítica das Quartas-feiras" já inaugura uma necessidade de discutir questões relativas à psicanálise, ao nível da prática e da construção teórica. Não poderiam, nesse caso, apreendê-la como uma forma de reunir aqueles interessados na invenção freudiana, a fim de protegê-la contra os sempre possíveis desvios? Essas reuniões de quarta-feira teriam funcionado como um controle, ou seja, uma espécie de supervisão, para que a psicanálise permanecesse viva?

Em 1907, Freud se refere à Sociedade Psicanalítica das Quartas-feiras como a "Sociedade Psicanalítica de Viena", mostrando, assim, que já não é a única sociedade e que a influência da psicanálise ultrapassa as fronteiras. Em 1908 acontece o Congresso de Salzburgo, o primeiro congresso psicanalítico. Participam os psicanalistas que não fazem parte do círculo de Viena, entre os quais encontramos Carl Gustav Jung e Max Eitington. Este último, mais tarde, fundará o Instituto Psicanalítico de Berlim.

O grupo de Zurique, no qual incluía Jung entre seus membros, se apresentou como oportunidade única de aprender a nova arte e de trabalhar com ela. Naquela época, os praticantes em formação psicanalítica eram chamados de "amadores" e só podiam conduzir os tratamentos à maneira dos residentes em medicina perante o professor, e sinalizam, apontam o que não vai bem; são os "substitutos provisórios dos especialistas"[109]. Em 1908, Freud já ocupava um lugar central na formação daqueles que se tornariam "seus discípulos".

O primeiro encontro entre Freud e Ferenczi se deu em fevereiro de 1908, e rapidamente Ferenczi se torna um dos discípulos preferidos de Freud. Uma importante troca de ideias se instala, então, entre os dois homens. Marialzira Perestrello – autora do prefácio da edição brasileira da correspondência Freud-Ferenczi – pergunta se "não estaria o analista-paciente buscando uma 'supervisão' com Freud"[110], questão justificada pelo fato de que o conteúdo das cartas é sobre importantes elementos da autoanálise de Ferenczi.

Aqui, também, a maneira com que os três eixos da formação do analista se articulam entre si é óbvia, o que vem a corroborar a tese de que a supervisão clínica é uma prática essencial para a formação do psicanalista e não se faz sem o apoio de uma teoria, assim como não se faz sem uma análise pessoal. Ferenczi considerava que fazia, por sua vez, uma "autoanálise" – quando endereça a Freud –, uma elaboração de suas próprias questões teóricas e de supervisão de sua prática, já que também demanda a Freud orientações sobre a direção do tratamento de seus pacientes.

A história de Sándor Ferenczi é muito interessante porque se articula não apenas a sua formação com Freud, mas também porque fez incluir todos os elementos de sua vida pessoal em sua formação como analista. Esse ponto não será um estudo aprofundado no presente trabalho, mas alguns aspectos serão evocados.

Em 22 de novembro de 1908, Ferenczi escreve que "Agora, as análises estão indo muito bem. Evidentemente, não sempre: há dias em que se vivenciam momentos muito desagradáveis. Continuo assumindo demais o problema do doente como problema meu"[111]. É averiguado desde o início que, por um lado, a questão da contratransferência produziu efeitos sobre a prática de Ferenczi e que, por outro, contava muito com Freud para se livrar de suas dificuldades.

Em 4 de fevereiro de 1909, Ferenczi escreveu uma palavra sobre Stein, que não depositava muita expectativa sobre esse tipo de tratamento. Pede, então, a Freud: "O Sr. teria outra opinião?"[112]. Freud diz que não exigirá nada de Ferenczi, apenas que não estreite relações com seu paciente. Freud ainda acrescenta que acha curioso que "a maioria desses invertidos não sejam mesmo pessoas completas".[113]

Em 1º de maio de 1909, Ferenczi claramente pede a ajuda de Freud sobre outro caso:

> (...) descobri que ele é um *hipocondríaco de esperma* (...) Ele se comporta como um paranoico. (...) Gostaria de lhe perguntar: há realmente uma paranoia hipocondríaca ou são todos hipocondríacos paranoicos? E o que fazer com um hipocondríaco?
>
> Desculpe-me por este incômodo: gostaria somente de pedir-lhe que me dê, em poucas palavras, algumas indicações sobre casos semelhantes.[114]

Em 2 de maio de 1909, Freud responde, com prudência, à demanda de Ferenczi, alegando não ser capaz de dar informações mais precisas que aquelas já indicadas durante um caso semelhante que já havia recebido. Essa correspondência é preciosa por causa do conteúdo teórico e clínico detalhado que Freud nos traz. À resposta de Freud, Ferenczi diz que conduzirá o caso e acompanhará a sua evolução.

Em sua carta de 5 de outubro de 1909, Ferenczi fala do tratamento que conduz e assegura ser Freud um exemplo a ser seguido. Essa observação revela uma espécie de identificação com o analista, mesmo que Ferenczi afirme ter encontrado um movimento de resistência a ele. Afirma: "resolvi então tentar seguir as indicações dadas pelo Sr. [...] Eu lhe ficaria muito grato se o Sr. me comunicasse logo suas idéias sobre este caso, mesmo que de forma breve"[115]. A relação entre a análise e a supervisão também é aí estabelecida.

Curiosamente, Freud sublinha sua posição como supervisor da prática de Ferenczi e aponta a presença da resistência deste no interior do tratamento. Indica estratégias para verificar se o paciente realmente possui extraordinárias habilidades psíquicas ou se "engana" Ferenczi. Em seguida, agradece a Freud por suas considerações e lhe diz ser um "observador crítico".

Em 20 de novembro de 1909, Ferenczi novamente fala sobre um paciente que recebeu. Entre as questões que se põem, uma delas merece ser colocada: "como e em que devo trabalhar?"[116]. Em seguida, fala de James Jackson Putnam como aquele que está sob sua supervisão: "Eu escreverei a ele que as respostas a suas perguntas terão de ser dadas pelo exercício aplicado da análise"[117]. Trata-se, aqui, da supervisão de um analista sobre outro. É uma passagem que nos permite compreender como a supervisão é praticada pelos analistas.

Sobre a contratransferência

Freud falou pouco da contratransferência, termo introduzido por ele no contexto dos fenômenos relacionados à transferência e que concerne à pessoa do analista na direção do tratamento. Se Freud não negligenciava esses aspectos durante um tratamento psicanalítico, não os levava em conta na condução do tratamento. Foi necessário para ele identificar a contratransferência para, acima de tudo, superá-la.

Até o fim Freud enfatizará a análise didática, já que pensava que as questões relacionadas à pessoa do analista, como um sujeito, pudessem produzir efeitos no tratamento, mesmo que já tivesse terminado sua própria análise. Nessa perspectiva, a supervisão aparece como algo infinito em comparação à análise – esta, sim, finita.

Ferenczi, um dos mais importantes analistas da primeira geração, apreendeu a contratransferência como um elemento privilegiado do dispositivo analítico. Ele sugeriu que o tratamento psicanalítico fosse uma análise mútua entre analista e paciente. Em outras palavras, o tratamento analítico do paciente faz parte da análise do psicanalista. Uma vez que destaca os efeitos do tratamento para o paciente, o analista pode ser analisado pelo paciente. Para Ferenczi, a supervisão da prática é, para o supervisionando, um tipo de higiene na qual os traumas são reduzidos, e, assim, seus efeitos têm menores consequências para o paciente.

A apresentação do livro *A contratransferência* ilustra o lugar que o analista, para Ferenczi, deve ocupar face a face com seu paciente:

> O analista deve amar seu paciente como a criança infeliz, ser para ele um substituto materno, um pai forte, tratá-lo com bondade e compreensão sem distância profissional; deve sentir com seu coração e com a cabeça, ser dotado de emoções e até mesmo cometer erros que o paciente poderá perdoar; fornecer à criança referências sem, no entanto, compreender tudo ou se submeter a tudo.[118]

Essa proposta revela claramente que cada sessão analítica do paciente funciona também como uma sessão para o analista. É bastante interessante notar que Ferenczi introduz, aqui, a noção de desejo do analista, pois, no horizonte, introduz a ideia de que o analista deve conduzir sua análise até sua conclusão. Dessa forma, o analista pode, em relação a seu paciente, tomar o lugar de alguém que é desprovido de traumas, de traumas que podem produzir efeitos sobre o tratamento. Assim, o analista estará na posição de conduzir o paciente até o final de sua análise.

Durante anos, a elaboração de Ferenczi sobre a contratransferência como um elemento crucial do tratamento psicanalítico caiu no esquecimento. No entanto, essa ideia foi tomada na década de 50, particularmente pela Psicologia do Ego, que declarou: "o analista da contratransferência não se opunha mais, contrariamente à posição de Freud, a operar como efeito de seu próprio inconsciente".[119]

Em 1949, em Zurique, por ocasião do XVI Congresso Internacional de Psicanálise, Paula Heimann diz, em seu texto intitulado "A propósito da contra transferência"[120]:

Eu sustentarei a tese que a resposta emocional do analista a seu paciente no interior da situação analítica constitui seu instrumento de trabalho mais importante. A contratransferência do analista é um instrumento de pesquisa no interior do inconsciente do paciente.[121]

Margaret Little, a seguir as vias já abertas por Paula Heimann, considera que "elementos recalcados, ainda não analisados, do próprio analista, ligados ao paciente" desloca os afetos, entre outros, aqueles provenientes "de seus pais ou de objetos da sua infância".[122]

Margaret Little chama de "R" a resposta total do analista às necessidades do paciente, incluindo o que pertence ao ego, ao superego e ao analista. Little coloca a responsabilidade pela resposta do lado do analista. Isso nos permite pensar em outros aspectos aos quais Little não faz referência e que concernem à direção do tratamento, como a resistência do analista e o analista como um sintoma.

Tudo é feito para que a resposta "R" seja utilizada de forma radical, mas com precauções. Por exemplo, as variantes apresentadas pelo analista face a face a seu paciente – tais como raiva, amor, compaixão, etc. – são de sua responsabilidade. Assim, o analista deve "verificar se a escala de variação não é muito grande". Apesar de Little recomendar prudência na utilização da resposta "R", propõe também que devemos "estar dispostos a experimentar, e até mesmo correr alguns riscos".[123]

IPA: da supervisão como formação à análise da contratransferência

Em 1910, após o segundo congresso psicanalítico, Freud decide fundar uma associação oficial, a Associação Internacional de Psicanálise, a IPA, sensível ao fato de que a psicanálise pode levar a equívocos. Por exemplo, Jung e Adler queriam abraçar as ideias freudianas que se baseavam na presença da sexualidade infantil e que essa mesma sexualidade dava origem à neurose. Com a IPA, seria possível dizer: "todas essas tolices nada têm que ver com a análise; isto não é psicanálise".[124]

Os grupos que compunham a IPA assumiam a função de ensinar a psicanálise e formar os médicos, prepará-los para receber pacientes. Isso era uma espécie de garantia da prática da psicanálise. Por outro lado, para Freud, era necessário que os seguidores da psicanálise oferecessem apoio mútuo, a fim de fazê-la avançar.

No "Prefácio a *Addresses in Psycho-Analysis*", Freud explica que Putnam foi um homem fortemente envolvido com a psicanálise e que, além de ter reconhecido que a psicanálise deveria ser usada em diferentes camadas da sociedade, também tentou estendê-la para além dos limites da análise, vinculá-la a um sistema filosófico para "que sua prática fosse manifestadamente associada a um conjunto especial de doutrinas éticas".[125]

Nas "doutrinas éticas", podemos incluir "a ética" da prática. Assim, fica claro que esse autor, Putnam, falecido em idade relativamente avançada – mas cedo demais em relação ao desenvolvimento da psicanálise –, oferece doutrinas que estão na mesma direção que as de Freud, incluindo questões sobre a supervisão da prática.

Putnam e Jones se tornaram, respectivamente, presidente e secretário da Associação Americana de Psicanálise, a APA, grupo composto por pessoas vindas do Canadá e dos Estados Unidos. De volta a Londres, Jones formará o primeiro grupo inglês. Naquela época, era impossível ter uma ideia clara da dimensão dos grupos e do número de seguidores da psicanálise que se beneficiariam não apenas dos ensinamentos teóricos, mas também das "orientações" dadas por esses analistas.

Em 1912, em seu texto intitulado "Recomendações aos médicos que exercem a psicanálise"[126], Freud traz algumas recomendações aos futuros analistas. Com base na proposta de Ferenczi sobre a "contratransferência", Freud aconselha àqueles que desejam praticar a psicanálise se submeter à análise pessoal e se aprofundar à medida que as dificuldades no tratamento de pacientes forem sendo encontradas, dado que o analista não pode ir além do que suas resistências internas permitem.

Em setembro de 1913, quando a IPA contava então com oito grupos, foi realizado o quarto Congresso Internacional, coordenado por Jung. Esse congresso não obteve o sucesso dos anteriores, o que já anuncia as diferenças e dissidências dentro do movimento psicanalítico. Muitos estudantes e adeptos representaram a IPA, o que mostrava a Freud a que ponto as questões da formação teórica e da supervisão da prática eram fundamentais.

Em "A história do movimento psicanalítico", Freud aborda a dissidência de Alfred Adler e explica que os psicanalistas, assim como os pacientes, podem rejeitar totalmente o conhecimento analítico adquirido, observando que a supervisão da prática é necessária para que os desvios sejam combatidos ou para que as novas concepções que podem surgir se definam como não psicanalíticas. Em outras palavras, quando alguma coisa aparece e se manifesta por meio de uma resistência particularmente forte, pode o psicanalista, ou o paciente, abandonar o percurso analítico. Assim, Freud aponta elementos da análise da prática de Adler que devem ser corrigidos por uma supervisão.

Jung também é apresentado como um "desertor". No entanto, Freud expressa seu respeito aos conceitos junguianos que o inspiraram, desde que não sejam apresentados como aquilo que não o é: "É claro que sou perfeitamente capaz de admitir que cada um tem o direito de pensar e escrever o que quiser, mas não tem o direito de apresentá-lo como uma coisa que não é"[127]. Não se trata apenas da concepção teórica, a abordagem clínica está em jogo porque Jung queria refutar a origem sexual das neuroses.

Após essas duas importantes dissidências, divisões começam a aparecer em 1920: alguns membros, descontentes com as regras impostas pela IPA sobre a proposta de análise didática, de supervisão e de análise leiga, questionará a abordagem burocrática da instituição.

Elisabeth Roudinesco e Michel Plon, em seu *Dicionário de psicanálise*[128], diferenciam dissidência de cisão, definindo a segunda como a impossibilidade de a IPA representar todo o movimento psicanalítico.

Foi preciso esperar até 1919 para que Freud introduzisse o termo supervisão no seio da comunidade analítica, questionando a pertinência ou não do ensino da psicanálise na universidade. Ele propôs que o psicanalista deveria submeter sua prática à supervisão de outro analista, para que os princípios da clínica sejam observados: "No que diz respeito à experiência prática, além do que adquire com sua própria análise pessoal, pode consegui-la ao levar a cabo os tratamentos, uma vez que consiga supervisão e orientação de psicanalistas reconhecidos".[129]

Para Freud, a psicanálise não poderia ser ensinada na universidade além do ponto de vista dogmático e crítico, porque esse ensino "só poderia ser ministrado de maneira dogmática e crítica, por meio de aulas teóricas; isso porque essas aulas permitirão, apenas, uma oportunidade muito restrita de levar a cabo experiências ou demonstrações práticas"[130]. Propõe que o ensino se desse a partir de casos clínicos. Assim, a importância dada à supervisão é evidente, e ressalta que não se trata de uma simples exposição de casos. A comparação que Freud faz, naquele momento, entre a formação psicanalítica e o treinamento do cirurgião é brilhante:

> Por fim, cabe considerar a objeção de que dessa forma o estudante de medicina jamais aprenderá realmente a psicanálise. Isso é verdadeiro se pensamos no efetivo exercício da psicanálise, mas para os propósitos em vista é suficiente que ele aprenda algo *sobre* e *com* a psicanálise. Afinal, tampouco se espera que o estudo universitário transforme o estudante de medicina num cirurgião hábil; quem escolhe a cirurgia como profissão não pode escapar a vários outros anos de trabalho e especialização no departamento cirúrgico de um hospital.[131]

Nessa passagem, de forma firme e incisiva, Freud diz que a formação analítica envolve mais a necessidade de supervisionar a prática do que a técnica. Indica, assim, o ponto fundamental da experiência analítica para aqueles que pretendem se engajar na tarefa de penetrar no mais íntimo do sujeito: não faz diferença entre aquilo que poderia entrar no campo da normalidade ou da patologia, deixar de lado suas próprias ideias, seus preconceitos. Por outro lado, é necessário visar o desejo insondável, já que a posição do analista se baseia nesse desejo. Freud sugeriu que a supervisão da prática – longe de ser reduzida ao acompanhamento da técnica – fosse o momento em que o analista pudesse falar livremente sobre os aspectos que o tivessem tocado e que, por consequência, os haviam impedido de continuar o trabalho analítico. A maneira com que Freud aproxima a análise pessoal e a supervisão à prática continua formidável. Ressalta, então, que os candidatos precisam e que as sociedades psicanalíticas podem ajudá-los no plano teórico. Em março do ano de 1919, Ferenczi foi nomeado professor de psicanálise na Universidade da Hungria.

A partir dos anos 1920, evocados supracitadamente, os processos de cisão no coração da IPA destacam as diferenças relativas à formação dos analistas; divergências relativas, principalmente, às regras imutáveis e obrigatórias da análise pessoal, mas também à supervisão e à distinção entre análise leiga e análise didática.

Max Eitingon tornou obrigatórias a análise didática e a prática da supervisão na formação do analista dentro da IPA. A supervisão se torna indispensável para que o candidato-analista possa, além de sua análise didática, receber seu título. A supervisão deveria ser feita necessariamente por um analista diferente daquele que passaria os ensinamentos. É fundamental compreender os motivos que levaram ao estabelecimento dessas regras, pois a avaliação do candidato passaria necessariamente pelo crivo desse analista. O candidato deveria também colocar à prova sua capacidade de análise, já que o fato de ter ele mesmo passado pela experiência de análise não era suficiente. Houve divergências interessantes dentro da IPA, dado que grande número de dissidentes interpretou sua impressão de sufoco como resultado de uma burocratização imperativa. Consideravam que a formação não passava pela via da argumentação nem do desenvolvimento da prática.

Em 1920, o Instituto Psicanalítico de Berlim, criado por Eitingon com Karl Abraham e Ernest Simmel, tornou-se o maior centro de formação de psicanalistas da época. O tripé básico da formação foi exigido do candidato à prática analítica.

Atualmente, dentro da IPA, os critérios de entrada são muito diferentes de um grupo para o outro. Supervisionar a contratransferência tornou-se um dos principais objetivos da supervisão para alguns, especialmente àqueles orientados pela escola inglesa, incluindo Donald Woods Winnicott, Massud Khan e os grupos da *Self Psychology*. A ideia de uma análise mútua, desenvolvida por Sándor Ferenczi, se vincula com a proposta de Melanie Klein, que consiste em abordar a relação analítica baseada no "aqui e agora", e se apresenta hoje como o ponto principal do material a ser controlado, ou, podemos dizer, nesse caso, supervisionado.

Para Lacan, Ferenczi foi o mais autêntico questionador de sua responsabilidade como terapeuta. Com efeito, Ferenczi perguntou o que poderia acontecer do lado do terapeuta e é em sua resposta que se engana. Lacan, também preocupado com a formação dos analistas, vai rejeitar a contratransferência do lado da fantasia, o que vem a interferir no percurso do tratamento de um paciente.

Controle ou supervisão: discussão linguística ou conceitual?

A versão em alemão do texto de Freud "Deve-se ensinar a psicanálise na universidade?" não foi encontrada, e a tradução para o português foi feita a partir da versão húngara, na qual o termo utilizado foi "controle".

O texto em húngaro provavelmente foi traduzido do alemão por Ferenczi; a edição em inglês mais antiga encontrada em nossa pesquisa é de 1955, e os editores indicam que algumas alterações foram feitas desde essa primeira tradução. Parece que, como se trata de um termo importante, uma modificação entre uma edição e outra certamente seria sinalizada.

Em um documento original encontrado na biblioteca da Escola da Causa Freudiana, em Paris, Max Eitingon usa o termo *Kontroll* quando se refere ao trabalho de acompanhamento dos iniciantes da policlínica de Berlim, reforçando a tese de que Freud teria usado esse termo em "Deve-se ensinar a psicanálise na universidade?". Com efeito, não só as datas desses dois eventos são relativamente próximas, mas os tópicos abordados fazem parte do mesmo contexto.

O termo *Kontrollanalyse*, empregado por Freud, merece ser desenvolvido. Foi traduzido para *supervisión* e *análisis de control*, em espanhol; *contrôle*, em francês; *supervision*, em inglês e, consequentemente, *supervisão*, em português. Não se trata de uma escolha puramente linguística. A tradução revela os diferentes caminhos tomados pela psicanálise em diferentes países onde está estabelecida. Controlar e supervisionar são práticas distintas. A supervisão carrega uma ideia de visão dita superior. O supervisor está em uma posição na qual tem o poder de ver, de maneira amplificada, o que o supervisionado não pode ver.

Roudinesco (1998) nota que o termo *Kontroll*, em alemão, inglês, francês, espanhol ou mesmo em português, destaca a ideia de conduzir e dominar. Influenciado por técnicas de grupo, a IPA decide substituir o termo "controle" por "supervisão", a partir da ideia de que o supervisor precisa adotar uma atitude não normativa. Parece que essa mudança de perspectiva teve consequências significativas, uma vez que Freud enfatiza a ideia de que a supervisão tem um resultado direto na maneira de praticar a psicanálise e na maneira com que o analista leva o tratamento.

No dicionário coordenado por Alain de Mijolla, os termos "controle" e "supervisão" são usados como sinônimos, não se tratando, aqui, da maneira com que cada um se coloca diante de um colega mais experiente para discutir um caso clínico.

Desde o início da prática da supervisão, especialmente no momento quando se tornou obrigatória dentro da IPA, muitas controvérsias têm surgido. Inicialmente, a supervisão era feita pelo analista do candidato; em seguida, exigiu-se que fosse praticado por dois analistas, excluindo o analista do candidato, a fim de não deixar espaço para sua influência subjetiva em sua avaliação.

CAPÍTULO II

LACAN: FORMAÇÃO E POLÍTICA DA PSICANÁLISE

A descoberta do inconsciente por Freud não se deu sem consequências, pois, com ele, surge o analista. Em seu notável texto intitulado "Posição do inconsciente", Lacan diz precisamente que "os psicanalistas fazem parte do conceito de inconsciente, posto que constituem seu destinatário"[1]. Nessa perspectiva, é essencial se interessar pela posição do analista, levando em conta sua formação e a política da psicanálise.

Em seu texto "Situação da psicanálise e formação do psicanalista", em 195[2], Lacan expõe e critica a formação do analista dentro da IPA. Embora considere sempre ter feito parte dessa associação, assume uma posição contra as abordagens defendidas pelos grupos dominantes e inaugura, de certa forma, sua proposta de treinamento que será apresentada em 1964, no texto "Ato de fundação"[3].

Em sua reconquista do campo freudiano, por ocasião da criação da sua escola, Lacan retoma as palavras de Freud quando propõe "que restaure a sega cortante de sua (a psicanálise) verdade"[4], renovando o termo psicanálise a partir da constante crítica e da denúncia dos desvios que degradam o uso de seu nome. O que Lacan propõe é uma supervisão interna e externa da prática psicanalítica. Qualquer inovação deve passar pelo exame da Escola: Lacan sugere que ela garante a supervisão da prática daqueles ligados aos seus princípios. A supervisão é necessária desde o início da formação, e a preocupação também gira em torno do paciente que se envolve no tratamento analítico. É interessante notar que se trata de um controle no sentido pleno do termo. A escola

83

endossa uma responsabilidade muito mais moderna e tende para um tipo de "proteção do consumidor", já que se ocupa de controlar o que é feito durante o tratamento e declara se tal prática possui o mérito de receber o nome de psicanálise. Lacan nota que a exigência da supervisão já está, nesse momento, "na ordem do dia em todos os outros lugares"[5].

Para Lacan, a transferência continua sendo o ponto privilegiado da supervisão. Isso quer dizer que a Escola se abstém de propor aos candidatos uma lista de didatas, já que é a transferência de trabalho que vai orientar a escolha do analista e do supervisor. Seminários de formação teórica obedecem à mesma lógica da transferência. Nesse sentido, a Escola funciona diferentemente da IPA e recebe tanto pessoas que se declaram analistas praticantes quanto pessoas interessadas em psicanálise, trazendo as perguntas mais diversas.

Na "Proposição de 9 de outubro de 1967"[6], Lacan expande sua oferta sobre a formação do analista quando ele cria o *gradus*. Já no início desse texto, Lacan coloca que o analista só se autoriza de si mesmo. Ele propõe o *gradus* de Analista Membro da Escola (AME), concedido pela Escola – em razão do reconhecimento do percurso efetuado pelo praticante, que mostra que mantém a "lâmina cortante da verdade freudiana" –, bem como o título de Analista da Escola (AE) – solicitado pelo analisante e concedido pela Escola a partir do dispositivo do Passe. Propõe ainda embasar a relação do supervisor e supervisionando na relação entre analista e analisante. Ou seja, na transferência, o agalma do analista reveste seu desejo, e é isso o que pode oferecer a Escola, em vez de uma lista.

A prática da supervisão rompe com a ideia de que haveria a busca por um olhar ainda mais amplo em um caso clínico, para se orientar na possibilidade de uma voz mais eficaz: "O controle das capacidades não é mais inefável, por requerer títulos mais justos"[7]. Não se trata mais de uma posição burocrática assegurada pela presença em uma lista, mas da possibilidade viva de trabalho a partir de um desejo que impulsiona. Então, é inútil que alguém se tome por uma figura de destaque e nos ensurdeça com os direitos adquiridos ao som de sua "escuta", com as virtudes da sua supervisão e com seu gosto pela clínica.[8]

Em "Documento sobre a supervisão"[9], Lacan diz que se deve confiar no supervisionando, uma declaração reafirmada em seu seminário sobre o sinthoma. Nesse documento, Lacan especifica que o lugar do supervisionando – bem como o do analista – deve levar em conta a existência da transferência no dispositivo. Portanto, uma supervisão pode afetar um caso clínico de maneira específica, mostrando que o analista – aqui, como supervisor – falha ao ouvir um paciente em particular; um ponto que pode empurrar o analista-supervisor a buscar, em sua análise pessoal, como conduzir a cura nas melhores condições. A supervisão pode também visar à construção de casos clínicos a partir de sugestões de leitura. Se pode assumir várias formas, a supervisão deve, acima de tudo, desempenhar seu papel fundamental, que é garantir que o analista não ceda a seu desejo.

Na "Carta de dissolução"[10], de 5 de janeiro de 1980, Lacan tacitamente insiste na formação do analista que pudesse vir a criar uma barreira na transformação da instituição psicanalítica em igreja, diante da possibilidade de a invenção freudiana se tornar uma prática religiosa.

Referências explícitas à supervisão em Lacan

Para fazer o ponto sobre o estado atual das questões da prática de supervisão, a temática da supervisão no ensino de Lacan será abordada em duas etapas. No primeiro momento, compromete-se com um trabalho de pesquisa, tomando por base textos recolhidos em obras, incluindo os *Escritos* e *Outros escritos*, e seminários, em que as referências à supervisão são explícitas. Tratam-se de referenciais teóricos, nos quais Lacan fala explicitamente dessa prática, enfatizando os efeitos clínicos que se produzem, tanto do lado do paciente quanto do analista, uma vez que se admite que a supervisão é essencialmente o controle do ato analítico. Essas referências nos convidam a refletir também sobre o que faz existir a psicanálise como práxis, na medida em que Lacan, nesses textos, nos apresenta elementos políticos da psicanálise no que diz respeito a sua doutrina.

No segundo momento, volta-se para "A direção do tratamento e os princípios de seu poder"[11], texto de grande riqueza teórica sobre o tema da supervisão. Nesse texto, as referências à supervisão são implícitas, o que requer um trabalho minucioso para identificar e compreender as passagens em que Lacan aborda essa prática sem nomeá-la. O texto é, a nosso ver, uma dessas referências importantes. Lacan, em valiosas passagens, dá orientações fundamentais, que servem como uma bússola para a prática da psicanálise.

A disponibilidade de acesso a muitos documentos para consulta na internet nos permitiu identificar melhor aqueles que Lacan evoca na questão da supervisão, apresentados separadamente dos seminários. Em alguns desses textos, o termo "controle" nem sempre se refere à prática de supervisão como tal, mas controle de si mesmo, ou seja, a capacidade de controlar os sentimentos ou o que está sendo dito. Preserva-lhes um lugar no presente trabalho.

Nos textos: a supervisão concerne à prática clínica e à instituição

O primeiro texto em que Lacan começa a questão da supervisão é um escrito de 1949, de quando ainda era membro da IPA. Nesse documento, intitulado "Collaboration à la rédaction du rapport de la Commission de l'Enseignement de la Société Psychanalytique de Paris"[12], são expostos os critérios exigidos para a admissão de candidatos à formação. A supervisão aparece imediatamente como uma exigência:

> É em torno do controle de si que podemos agrupar as características a serem buscadas: estabilidade afetiva, tolerância à tensão – excluindo a frequência e a intensidade da ansiedade –, aptidão para se descontrair e "brincar", moderação das perturbações emocionais, sem que essa moderação chegue a frigidez afetiva, aceitação ou recusa fundamentada das responsabilidades, autoconhecimento, autocrítica, senso de humor, excluindo qualquer "indelicadeza".[13]

Se, nessa passagem, não se trata da prática da própria supervisão, o uso desse significante, nesse contexto, já nos mostra a importância que Lacan atribui ao termo *contrôle*.

Além disso, Lacan sustenta que a supervisão é obrigatória no ensino da prática quando salienta sobre a "exposição e a discussão de tratamentos, seja face a face com um psicanalista, seja em seminário de supervisão".[14] Na época em que esse relatório foi escrito, os conflitos dentro da Sociedade Psicanalítica de Paris já estavam presentes, e Lacan afirma sua posição em relação à formação de analistas.

Em 1949 Lacan ainda usa o regulamento da Comissão de ensino da SPP e propõe sobre "a formação do psicanalista e sobre a regulari-dade de sua transmissão"[15]:

- faça uma análise didática a partir da qual o psicanalista terá a experiência de "sua própria matéria", isto é, a transferência e as resistências;
- que a análise de formação, a prática da supervisão e o ensino teórico sejam de responsabilidade da Sociedade Psicanalítica de Paris, e que a transmissão da psicanálise não se efetue senão pelos "próprios sujeitos especialistas";
- o recrutamento de membros deve se basear na formação ministrada pela SPP, onde são admitidos como aderentes aqueles que "ficaram satisfeitos com essa formação", e como titulares, aqueles que "são capazes de transmitir pela psica-nálise didática".

No artigo II, são especificadas as funções delegadas e o modo de eleição da comissão de ensino. Afirma-se também que, tendo em vista o recrutamento de candidatos, há uma necessidade de "um órgão de seleção": "A seleção não pode ser decisiva no momento da entrada do aluno, e a comissão de seleção deverá cumprir as funções de anamnese e de sanção que a pluralidade dos tutores necessita", desde as "provas pessoais da didática, passando pelas provas operacionais de supervisão, até a prova de defesa, pela qual se apresenta menos à aprovação que à agregação da Sociedade".[16]

O terceiro artigo se refere ao "procedimento de relatórios dos candidatos com a Comissão de Ensino" sobre a seleção preliminar, o estágio da supervisão e a apresentação do candidato à Sociedade Psicanalítica de Paris. Esse procedimento implica ter um psicanalista tutor que estimule o candidato a seguir os cursos e seminários indicados pela Comissão. Se o aluno deseja "empreender ele mesmo uma análise sob supervisão, ele (o psicanalista tutor) o faz retornar ao olhar dele".[17] O candidato irá aparecer novamente perante a Comissão, que terá de confirmar a permissão concedida ao candidato pelo psicanalista tutor. O aluno deve supervisionar sua prática com "dois psicanalistas de sua escolha, exceto aquele que, em regra, prossegue ainda por um tempo sua psicanálise didática".[18]

Uma vez que a formação foi declarada satisfatória pelo psicanalista tutor, o candidato pode, em seguida, prestar sua candidatura a membro da Sociedade Psicanalítica de Paris, apresentando um trabalho que trate da clínica. É função da comissão de ensino admitir o candidato para a etapa "das análises sob supervisão" quando este:

> [...] quer validar, seja uma psicanálise concluída com um membro da Sociedade com fim primordialmente terapêutico, seja uma psicanálise didática empreendida sob os auspícios de uma Sociedade estrangeira, sendo esta filiada à Associação Internacional.[19]

As questões em torno da supervisão se repetem no artigo V, que incide sobre o avanço da análise pessoal no momento em que o sujeito começa a supervisionar sua prática. Na verdade, esse artigo sustenta que o ensino psicanalítico é organizado pelos "relatórios psicológicos que conferem seu valor formativo". Uma das três relações é a seguinte:

> Relação com os pacientes durante as supervisões, das quais as necessidades regulam a intervenção do psicanalista especializado nessa prática. O uso se estabelece por sessões semanais sob a forma de seminários

[...] Mas quando o sujeito já é capaz de começar as supervisões, seu progresso, assim como o de sua própria análise, se encontram igualmente favorecidos por uma coexistência a mais prolongada possível.[20]

Um pouco mais adiante, esse artigo especifica a importância de conhecer as "disciplinas psicológicas exógenas"[21], para aqueles que estão interessados na clínica da criança e também para aqueles que devem desenvolver técnicas e instrumentos para essa prática. Na carta de 14 de julho de 1953, para Rudolph Loewenstein[22], Lacan expõe a crise pela qual a SPP havia passado. Ele acusa os didatas de exercerem uma influência política sobre os analisantes e supervisionandos no contexto da vida institucional. Na verdade, esses analistas em formação foram feitos reféns, pois, para se qualificar, deveriam seguir a carta de orientação dos didatas.

Assim, Lacan enfatiza mais uma vez a questão da supervisão e afirma que essa prática não se reduz à clínica, mas diz respeito também ao funcionamento de uma instituição de formação.

A supervisão vai sempre se articular à garantia, ou seja, há uma preocupação em relação aos títulos concedidos a analistas em formação, ainda ancorada na prática da supervisão. Uma prática que talvez seja a mais sujeita a interferências políticas dos formadores.

Lacan não poupa nenhum dos seus colegas quando se trata de criticar um funcionamento que coloca os analistas em supervisão em uma posição de submissão. Com efeito, se Lacan, de sua parte, utiliza o termo supervisão (*contrôle*) no sentido pleno do termo – não se trata de se submeter ao outro.

Discussões sobre a duração das sessões são igualmente evocadas nessa carta a Loewenstein, em que Lacan veementemente ataca a técnica. Apesar de se submeter ao padrão, sustenta a eficácia das sessões mais curtas.

> Utilizaram contra mim o número dos meus alunos, alegando ser esse o único motivo daquela redução no tempo consagrado a cada um deles, nem se lembrarem de que todos os que haviam passado anteriormente

pelo exame da Comissão tinha podido dizer, individualmente, que benefício haviam tirado em cada caso; e demonstrar, em suas supervisões, a boa qualidade das suas formações.[23]

Naquela época, Lacan já tinha deixado a SPP. No entanto, ele sente a pressão exercida sobre seus alunos:

> Foi feito de tudo para que os meus estudantes me deixassem. E depois de minha partida da Sociedade, informaram a esses estudantes em análise – suspeitos, por assim dizer, de vícios em suas iniciações – que eles poderiam, dali em diante, se apresentar espontaneamente – isto é, sem a minha autorização – para serem habilitados às supervisões diante da Comissão de Ensino (...) Dou-me conta de que fiz reviver alguns traços disso para o senhor, agora; disso que puderam ser, para mim, esses meses de pesadelo, e aos quais verdadeiramente só pude sobreviver seguindo, através das emoções terríveis que elas me concederam, o meu seminário de textos e de supervisão, sem faltas sequer uma vez, e sem – creio eu – ter-lhes visto balançar a inspiração nem a qualidade.[24]

Uma semana depois, Lacan, em uma carta dirigida a Heinz Hartmann, pontua as acusações que a SPP lhe faz em relação às liberdades que empreenderia em relação à técnica:

> Eles, que me censuram agora por supostas liberdades quanto à técnica, sempre puderam controlar os efeitos, sem julgá-los desfavoráveis. E é no momento em que, depois de meses, me conformei com a regra de todos sobre o princípio admitido da supervisão profissional, que fazem disso uma arma contra mim. [...] Não falo mais de Nacht, de quem não falarei nunca mais. Dediquei-me inteiramente ao ensino e à formação dos alunos. Dei-lhes o amor de nossa técnica e os ajudei em supervisões e em meus seminários, respondendo a uma necessidade de conhecer e compreender que em qualquer outro lugar só encontrariam desconfiança sombria e ironia tola.[25]

Em "Discurso de Roma"[26], Lacan fala da supervisão da análise por um analista dizendo que a fala é essencial para a prática psicanalítica. Mas, em vez de privilegiar o conteúdo, enfatiza a questão do significante e da transferência, criticando a análise "do material". Lacan retoma Freud e argumenta que essa prática tinha um valor no momento em que este a inventou. A crítica, nos parece, trata-se do fato de que essa manutenção da análise do material ignora os desenvolvimentos freudianos dos anos vinte, inclusive a pulsão de morte.

> Sem dúvida, a antiga análise, dita "do material", talvez pareça arcaica a nossos espíritos presos à dieta de uma concepção cada vez mais abstrata da redução psicoterápica. A retomarmos seu legado clínico, entretanto, ele se afigurará em pé de igualdade com a retomada que tentamos da análise freudiana em seus princípios.[27]

No texto "Função e campo da fala e da linguagem em psicanálise"[28], Lacan critica a posição da SPP em um *Witz*. Ele a compara a uma autoescola que gostaria de poder entregar a carta de motorista e supervisionar a construção do automóvel. Nós citamos:

> Do mesmo modo, será que ela se harmoniza com uma concepção da formação analítica que seja a de uma auto-escola que, não satisfeita em aspirar ao privilégio singular de entregar a carteira de habilitação, se imaginasse em condições de controlar a construção automobilística?[29]

Vemos que a crise com a SPP permanece sempre no plano de fundo de seu desenvolvimento teórico e clínico. Nesse mesmo texto, Lacan diz que o supervisionando está em uma posição de filtro para o supervisor. Assim, uma segunda subjetividade aparece. Parece então que Lacan inclui, nesse momento, de forma importante, a subjetividade do supervisionando no trabalho de supervisão. No entanto, não se trata da supervisão e da técnica, mas do trabalho que descreve a posição do analista em supervisão.

[...] o supervisionando desempenha ali o papel de filtro, ou então de refrator do discurso do sujeito, e assim, apresenta-se inteiramente pronta ao supervisor uma estereografia que já destaca os três ou quatro registros em que ele pode ler a divisão constituída por esse discurso. Se o supervisionando pudesse ser posto pelo supervisor numa posição subjetiva diferente da implicada pelo sinistro termo *controle* (vantajosamente substituído, mas apenas na língua inglesa, por *supervision*), o melhor fruto que extrairia desse exercício seria aprender a se manter, ele mesmo, na posição de subjetividade secundária em que a situação coloca imediatamente o supervisor.[30]

É muito interessante notar, no trecho a seguir, a maneira com que Lacan elabora a função do simbólico a partir do Nome-do-Pai, bem como a abordagem que faz da incidência do simbólico. Lacan é muito claro nas suas propostas quando diz que os avanços, que ganharam lugar do ponto de vista teórico, têm consequências na condução dos casos, incluindo casos sob supervisão.

É no *nome do pai* que se deve reconhecer o suporte da função simbólica que, desde o limiar dos tempos históricos, identifica sua pessoa com a imagem da lei. Essa concepção nos permite estabelecer uma distinção clara, na análise de um caso, entre os efeitos inconscientes dessa função e as relações narcísicas, ou entre eles e as relações reais que o sujeito mantém com a imagem e a ação da pessoa que a encarna, daí resultando um modo de compreensão que irá repercutir na própria condução das intervenções. A prática nos confirmou sua fecundidade, tanto a nós quanto aos alunos que induzimos a esses métodos. E tivemos frequentemente a oportunidade, em supervisões ou em casos comunicados, de salientar as confusões prejudiciais geradas por seu desconhecimento.[31]

Em "Variantes do tratamento padrão"[32], mais uma vez Lacan critica seus adversários e diz que a supervisão é algum tipo de evidência que descartaria, impediria os erros e as manobras políticas de grupos.

[...] é evidente que, sob certos aspectos fundamentais, as técnicas praticadas pelos grupos opostos são tão diferentes quanto a água no vinho". Outrossim, o autor citado não se ilude quanto à oportunidade oferecida pelo Congresso plenário ao qual se dirige para reduzir as discordâncias, e isso na ausência de qualquer crítica à "suposição, estudada e cuidadosamente mantida, de que aqueles que têm a função de participar de tal formulação compartilhariam, ainda que grosseiramente, as mesmas opiniões, falariam a mesma linguagem técnica, seguiriam sistemas idênticos de diagnóstico, prognóstico e seleção de casos, e praticariam, ainda que de maneira aproximativa, os mesmos métodos técnicos. *Nenhuma dessas pretensões resistiria a um exame mais rigoroso*".[33]

Em 1954, em "Introdução ao comentário de Jean Hyppolite sobre a '*Verneinung*' de Freud"[34], Lacan aprofunda, de maneira apaixonada, um ponto bastante sensível da clínica psicanalítica. Retoma esse breve escrito de Freud e insere no trabalho conceitos tais como *Verdrängung, Verwerfung* e *Verneinung*. No trecho a seguir, Lacan destaca seu debate com a SPP. Do desenvolvimento de questões pertinentes sobre a psicanálise, introduziu um breve comentário sobre a forma equívoca com que a SPP conduz a formação dos estudantes – o que afeta diretamente a questão da supervisão:

Assim, vocês homologarão esse ponto como uma pontuação correta. E é aí que se conjuga harmoniosamente a oposição, que seria desastroso sustentar em termos formais, entre a análise da resistência e a análise do material. Técnica na qual vocês se formam, na prática, no chamado seminário de supervisão.[35]

Três anos mais tarde, em 1957, Lacan, no currículo enviado à Escola para os Hautes-Études, ressalta que a psicanálise deve se submeter à prova de uma supervisão. Trata-se de uma proposta ao mesmo tempo ousada e modesta em relação a outros campos do conhecimento. Seu desenvolvimento nos leva, indiretamente, para a prática da supervisão na psicanálise:

Seu único programa manifesta o princípio de submeter a psicanálise às leis do diálogo científico, fundamento de toda crítica experimental, e, particularmente, a serviço do controle das ciências humanas, em que ela tem seu lugar reservado.[36]

Em 1964, Lacan inclui a supervisão de maneira frutífera em seu "Ato de fundação"[37]. Na verdade, ele articula com precisão a supervisão do caso e a importância de controlar tudo o que diz respeito à psicanálise. Desde que a psicanálise não é uma ciência – o objeto é isolado, a fim de evitar quaisquer equívocos – e não se submete às modalidades de controle da ciência contemporânea, ela deve se submeter à supervisão externa; todos os trabalhos serão objeto de críticas. Aqui, Lacan retoma o que já havia dito no currículo de 1957:

> Os que vierem para esta Escola se comprometerão a cumprir uma tarefa sujeita a um controle externo e interno. É-lhes assegurado, em troca, que nada será poupado para que tudo o que eles fizerem de válido tenha a repercussão que merecer, e no lugar que convier [...]
> Isso porque toda e qualquer iniciativa pessoal recolocará seu autor nas condições de crítica e de controle nas quais todo trabalho a ser empreendido será submetido à Escola.[38]

O que Lacan chamará de "Seção de psicanálise pura" é a psicanálise teórica cuja prática e doutrina fazem parte. Lacan aponta, então, a necessidade que resulta das "exigências profissionais" a partir do momento em que "o analista em formação" assume a responsabilidade. Assim, introduz a importância da supervisão do praticante em formação e acrescenta que essa prática deve ser assegurada pela escola.

> É no interior desse problema e como um caso particular que deve situar-se o problema da entrada em supervisão. Prelúdio para que se defina esse caso com base em critérios outros que não a impressão de todos e o preconceito de cada um. Pois sabemos que essa é atualmente

sua única lei, ao passo que a violação da regra implicada na observância de suas formas é permanente.[39]

Na escola fundada por Lacan, a formação é dividida em seção e subseção, nas quais a supervisão tem sempre um lugar importante; uma supervisão mais do lado do controle, num sentido amplo do termo:

> Esses estudos, cujo ponto extremo é o questionamento da rotina estabelecida, serão coligidos pela diretoria da seção, que zelará pelos caminhos mais propícios para sustentar os efeitos de sua solicitação.

Três subseções:

- Doutrina da psicanálise pura
- Crítica interna de sua práxis como formação
- Controle dos psicanalistas em formação[40]

Podemos dizer que o texto de Lacan é totalmente orientado para a supervisão na psicanálise. Ele não nos dá coordenadas explícitas sobre a prática da supervisão, mas coloca a psicanálise sob controle. Destaca a necessidade de controlar a psicanálise, além de um certo controle efetuado pelas ciências humanas.

Lacan prevê que o mundo entrará em uma lógica de avaliação e controle. Propõe, então, que a escola tenha uma função de "defesa do consumidor". Podemos também observar que, nos dias de hoje, a sociedade tem controle sobre tudo o que seja relacionado ao consumo. A psicanálise deve viver o auge dessa época e demonstrar a sua pertinência:

> Como não ver que a supervisão se impõe desde o momento desses efeitos, antes de qualquer coisa para proteger aquele que aí comparece na posição de paciente? [...] Por isso é que ela garantirá as supervisões que convierem à situação de cada um, fazendo frente a uma realidade da qual faz parte a concordância do analista. [...] as próprias autoridades científicas são, aí, reféns de um pacto de carência que faz com que já

não seja de fora que se pode esperar uma exigência de controle que estaria na ordem do dia em todos os outros lugares.[41]

Em 1967, Lacan introduz o dispositivo do Passe, que podemos destacar como o ponto mais importante, embora não deixe a supervisão de lado. Com efeito, podemos apreender o Passe, ou seja, a psicanálise pura, elemento essencial na formação do analista, como um modo lacaniano de supervisão da psicanálise. É no procedimento do Passe que se pode verificar o chamado fim de análise.

O dispositivo do Passe é composto por passadores e passantes e pelo Cartel do Passe. À escolha dos passadores, uma outra modalidade de supervisão está em jogo, implicitamente, aquela em que esses incentivam o passante a estabelecer e a articular. Esses passadores são aqueles que estão prestes a terminar suas análises ou capazes de identificar, no passante, os elementos que tornam evidente esse momento do fim da análise. O título de Analista da Escola é entregue àqueles cujos fins de análise podem ser verificados por meio da transmissão de uma experiência analítica. Já o título de Analista Membro da Escola é atribuído àqueles que dão provas de sua relação com a causa analítica e que fornecem indícios de que são capazes de conduzir uma análise até o fim.

A tensão entre os *gradi* AE e AME ajuda-nos a pensar a proposta de verificação e controle da psicanálise. Em seu discurso para a Escola Freudiana de Paris em dezembro de 1967, é importante considerar onde Lacan enfatiza a supervisão. Em outras palavras, o fato de que a supervisão é a supervisão do sujeito em questão no ato e que o desejo do analista está também sempre interessado. Essa orientação produziu efeitos incisivos na prática da supervisão:

> É aí que uma supervisão talvez parecesse não ser demais, mesmo sendo necessário mais do que isso para nos ditar a proposição.
>
> Isso é diferente de supervisionar um "caso": um sujeito (assinalo) ultrapassado por seu ato, o que não é nada, mas que, quando ultrapassa

seu ato, cria a incapacidade que vemos cobrir de flores o canteiro dos psicanalistas.[42]

Nesse discurso, Lacan responde à discussão seguinte a sua "Proposição sobre o psicanalista da Escola". Ele critica alguns analistas que exigem mais reconhecimento e convida para a prática da supervisão. Descarta também qualquer possibilidade de explorar uma posição adquirida dentro da escola, que só se prestaria como uma forma de dominação.[43]

Em uma apresentação dada na Escola em 21 de maio de 1975, Lacan discute com Alain Didier e Michel Silvestre sobre uma proposta pouco clara, que introduz a possibilidade de supervisão entre os pares. Para Lacan, priorizar a prática de supervisão é um elemento essencial, no sentido amplo do termo supervisão. Não se trata de uma troca teórica sobre o caso, ainda menos uma troca na experiência analítica. Tomemos a passagem:

> M. Lacan – Se compreendi bem, trata-se de questionar a intersupervisão. Trata-se, em suma, da função da intersupervisão tal como você a percebe, à margem de sua experiência analítica. É nesse ponto que você poderia, com efeito, depois das reflexões que acabou de nos apresentar, esboçar como a questão se apresenta para você.[44]

Em "Présentation et intervention sur l'exposé de S. Zlatine"[45], quando Lacan aponta a ocorrência de um fenômeno na fala sobre um assunto, Zlatine supõe se tratar de uma supervisão "ou mesmo algo parecido". Para Lacan, o que acontece não é supervisão, mas análise, mesmo que se trate de uma situação de supervisão.

> Como é essa coisa designada por Zlatine e por suas primeiras frases, que pontuaram bem, enquadraram, de certa forma, isso do que se trata – chamemos de "o fenômeno" em questão – como é inevitavelmente percebido em algum lugar como um fenômeno, e especificamente foi

percebido pela pessoa da qual ele fala, que é alguém que, suponho eu, fazia supervisão com ele ou algo parecido.[46]

Na ocasião da reunião de 1º de maio de 1974, intitulada "A causa freudiana", Lacan mostra ambos os lados da supervisão. Destaca a necessidade de supervisão na psicanálise porque o social tentaria intervir no seu funcionamento de uma forma que não lhe é construtiva. Lacan também mostra sua preocupação com o papel de controle atribuído à psicanálise pela sociedade. Ao mesmo tempo em que ela está sob controle, sua função de controle social é esperada; uma função recusada por Lacan:

> Há uma luta *em torno* – é assim que se exprime Freud oportunamente – da psicanálise, cuja implementação e motivações não podem ser descritas em termos de polemologias conhecidas. É um fato de experiência e de história que o "a favor" não pode ser não menos duvidoso do que certos "contra".
>
> Assim, ela se tornou uma luta pela psicanálise, no sentido de luta pelo tesouro: em que a subjetividade tira proveito e encontra cumplicidade no fato de que a supervisão [controle] sobre a psicanálise é cada vez mais buscada como fator de controle social.[47]

Em uma conferência na Universidade de Colúmbia, Lacan claramente encoraja seus supervisionandos a continuar o seu próprio movimento; ele também o fará em *O seminário XXIII: o sinthoma*[48], quando indica que o supervisionando controlado tem sempre razão. Em um sentido social, o supervisor não controla o supervisionando; trata-se de um controle da experiência psicanalítica.

> Eu, muitas vezes em meus controles – ao menos no começo – encorajo muito o analista – ou aquele ou aquela que se crê como tal – o encorajo a seguir seu movimento. Eu não penso que seja sem razão que – não que ele se ponha nessa posição, isto é muito pouco controlado – eu não penso que seja sem razão que alguém venha contar algo simplesmente

em nome disto: que lhe foi dito que ele era um analista. Não é sem razão porque ele espera alguma coisa disso. Agora, do que se trata mesmo é de compreender como pode funcionar o que acabo de lhes descrever com traços grosseiros.[49]

Nos seminários: conduzir o rinoceronte ao sinthoma

Ao longo dos seminários de Lacan, isolamos passagens em que o termo supervisão está presente. Assim como nos artigos e conferências, esse termo não necessariamente se refere à supervisão dos casos clínicos, mas mantivemos essas passagens na medida em que ainda é possível extrair pelo menos uma ideia interessante sobre nosso assunto.

Por exemplo, no seminário "Os escritos técnicos de Freud", Lacan enuncia que Freud se serve de seu paciente como "uma espécie de apoio"[50], como um controle no progresso de seu trabalho solitário. Nessa passagem, o termo apoio (*appui*) é paradoxal: o paciente funciona como um controle do caso e é, ao mesmo tempo, o caso que Freud constrói.

Lacan cita uma experiência de supervisão em que localiza o lugar que o supervisionando ocupa para o paciente: o de testemunha. É bastante interessante notar que Lacan se refere à noção de presença colocada por Freud em *A dinâmica da transferência*.[51]

> Se eu tivesse de isolar a primeira inflexão da palavra, o momento primeiro onde se inflete, na sua curva, toda a realização da verdade do sujeito, o nível primeiro em que a capeação do outro toma sua função, eu o isolaria numa fórmula que me foi dada por um daqueles que estão aqui e que eu controlo. Eu lhe perguntava: – *Em que pé está, o seu sujeito, a seu respeito esta semana?* Ele me deu então uma expressão que coincide exatamente com o que eu tinha tentado situar nessa inflexão – *Tomou-me como testemunha*. E, com efeito, está aí uma das funções mais elevadas, mas já desviadas da palavra – a tomada como testemunha.[52]

Em outra passagem, Lacan, explicitamente, oferece a direção de uma supervisão. Insiste no fato de que o supervisionando não deve compreender o paciente e destaca a diferença entre interpretar e imaginar entender:

> Interpretar e imaginar que se compreende, não é de modo algum a mesma coisa. É exatamente o contrário. Eu diria mesmo que é na base de uma certa recusa de compreensão que empurramos a porta da compreensão analítica.[53]

Logo antes dessa declaração, Lacan se recorda de que não era muito de entender o que trazia o sujeito:

> Quantas vezes não fiz observar aqueles que controlo, quando me dizem – *Acredito ter compreendido que ele queria dizer isto, e aquilo* – uma das coisas que mais devemos evitar é compreender muito, compreender mais do que existe no discurso do sujeito.[54]

Da mesma forma, ele insiste no fato de que não devemos focar nas resistências do paciente. Aqui, Lacan debate com a IPA:

> [...] o que se pode chamar, com aspas, *seus progressos mais recentes*. Eu me referi implicitamente ao ensino que lhes é dado nos controles, segundo o qual a análise é a análise das resistências, dos sistemas de defesa do eu. Essa concepção permanece mal centrada, e só podemos nos referir a ensinos concretos mas não-sistematizados, e, algumas vezes mesmo, não-formulados.[55]

Em seu seminário *O eu na teoria de Freud e na técnica da psicanálise*, Lacan insiste novamente na importância de não compreender o paciente e destaca a localização do eu do sujeito. Esse elemento é um ponto essencial na sua prática da supervisão: "É justamente assim que nas supervisões ensino-lhes a interpretar os sonhos – trata-se de reconhecer onde está o eu do sujeito"[56].

No seminário *A ética da psicanálise*, Lacan se posiciona sobre a supervisão de seu público quando assume a proposta freudiana de recalque e na maneira com que avança em suas pesquisas a partir de teorias de Freud. Lacan defende que seu público verifique os fundamentos de seu trabalho:

> Gostaria apenas de rogar àqueles que se detêm nisso – talvez não seja a maioria de vocês que vai aos textos de Freud verificar o que proponho aqui no meu comentário – que leiam de uma só tacada, direto, o artigo *Die Verdrängung, O recalque*, que precede o artigo sobre o inconsciente [...].[57]

Lacan retoma, nesse seminário VII, o que já havia dito no seminário II: na interpretação dos sonhos, é necessário saber onde se encontra o eu do sujeito. Não se trata de entender o paciente, menos ainda de tentar adivinhar o que se diz quando este faz comentários desprovidos de sentido.

Na ocasião de seu seminário sobre a identificação, Lacan enfatiza o que se trata de um nome próprio e estabelece que esse nome carrega, em si, materiais muito enriquecedores. Além disso, diz que os analistas em supervisão devem testemunhar tal importância.

> O que é um nome próprio? Deveríamos ter muito a dizer aqui. O fato é que, de fato, podemos trazer muito material ao nome. Esse material, nós analistas, nas próprias supervisões, mil vezes iremos ilustrar a importância disso. Não acho que pudéssemos dar, justamente aqui, todo seu alcance sem nos referirmos – está aí uma ocasião a mais para compreendermos claramente a necessidade metodológica – àquilo que a esse respeito o lingüista tem a dizer. Não para nos submeter forçosamente a isso, mas porque concernente à função, à definição do significante, que tem sua originalidade, devemos pelo menos encontrar aí um controle, senão um complemento do que podemos dizer.[58]

Na passagem abaixo, o termo supervisão é usado por Lacan quando diz não ter preparado suas palavras de antemão, mas que elas são sobre um certo "número de supervisões". Ou seja, a supervisão é usada para estruturar uma lógica *a priori* despreparada, pois, uma vez fundada a partir de experiências de supervisão, ela vem espontaneamente.

Como vocês podem ver, minhas palavras não são preparadas, mas são ainda assim calculadas e essas coisas são, apesar de tudo, o fruto de uma elaboração que refiz por mil portas de entrada assegurando-me de um certo número de controles, tendo em seguida um certo número de orientações nos caminhos que vão seguir.[59]

Nesse seminário, Lacan diz, constantemente, que controlamos nossa experiência por estarmos a atravessar zonas veladas. Assim, ele nos dá uma breve "supervisão" sobre as diferenças encontradas nas três estruturas clínicas – neurose, perversão e psicose.

Está aí aquilo em direção ao qual podemos avançar, ainda que seja a zona mais velada, a mais difícil de articular de nossa experiência. Pois, justamente, temos o controle nisso, que por essas vias que são as de nossa experiência, vias que percorremos, mais habitualmente as do neurótico, temos uma estrutura que não se trata absolutamente de colocar assim nas costas de bodes expiatórios. Nesse nível, o neurótico, assim como o perverso, e como o próprio psicótico, são apenas faces da estrutura normal. Freqüentemente me dizem, após essas conferências: quando você fala do neurótico e de seu objeto, que é a demanda do Outro, a menos que sua demanda não seja o objeto do Outro, por que você não nos fala do desejo normal. Mas, justamente, falo disso o tempo todo. O neurótico é o normal, na medida em que, para ele, o Outro, com O maiúsculo, tem toda a importância. O perverso é o normal, na medida em que para ele o falo, o grande $\sqrt{}$, que vamos identificar com esse ponto que dá à peça central do plano projetivo toda sua consistência, o falo tem toda a importância. Para o psicótico, o corpo próprio, que se deve distinguir em seu lugar, nessa estruturação do desejo, o corpo próprio tem toda a importância. E estão aqui apenas faces onde algo se manifesta, por esse elemento de paradoxo que é aquele que vou tentar articular diante de vocês, no nível do desejo.[60]

No seminário *A angústia,* Lacan retoma temas importantes e controversos, como a contratransferência e a análise do material, e critica a posição dos analistas da IPA. É importante lembrar que, nesse momento, estamos em 1963, e Lacan está prestes a romper definitivamente com a IPA. Nessa época, Lacan se volta para a questão do ensino da psicanálise e nota alguma instabilidade nesse ensino, já que se trata de ensinar o que não se ensina. Para marcar a diferença entre o que acontece durante um seminário e durante uma supervisão, Lacan esclarece o mecanismo da supervisão, afirmando que o supervisor adiciona algo àquilo que o supervisionando já saiba. A analogia com a interpretação vem revelar algo que vai além dos limites do saber. A passagem abaixo elucida bem isso:

> O que é ensinar, quando se trata justamente de ensinar o que há por ensinar não apenas a quem não sabe, mas a quem não *pode* saber? E convém admitir que, até certo ponto, todos aqui estamos no mesmo barco, dado aquilo de que se trata.
>
> Observem bem a que incita, se assim posso me expressar, a situação de instabilidade.
>
> Se não houvesse essa instabilidade, um ensino analítico, este próprio Seminário, poderia ser concebido no prolongamento do que acontece, por exemplo, numa supervisão na qual o que vocês soubessem é que seria trazido, e eu interveria apenas para oferecer o análogo da interpretação, ou seja, o acréscimo mediante o qual surge algo que dá sentido ao que vocês acreditam saber, e receba num lampejo o que é possível apreender além dos limites do saber.[61]

Em um sentido mais amplo, Lacan se submete à supervisão de seu público e atualiza os ensejos da crítica aos analistas da IPA, que acharam que a presença de seus analisantes no seminário não era adequada. Para Lacan, o efeito de supervisão lhe vem por meio de um analisante.

> [...] Neste lugar, certamente existe um limite em que o controle externo se detém, mas não é mau sinal ver que aqueles que participam dessas duas posições pelo menos aprendam a ler melhor.
>
> Lavagem cerebral, disse eu. É realmente oferecer-me a esse controle mostrar-lhes que sei reconhecer, nos ditos daqueles que analiso, algo diferente do que há nos livros. Inversamente, para eles, é mostrar que sabem reconhecer nos livros o que efetivamente existe nos livros. Por isso é que só posso me aplaudir por um pequeno aceno como o que me foi dado, recentemente, pela boca de alguém que tenho em análise. Não lhe escapou, com efeito, o alcance de uma característica que se pode fisgar de passagem num livro de Ferenczi cuja tradução saiu recentemente, com muito atraso.
>
> O título original do livro é *Versuch einer Genitaltheorie*, ou seja, Ensaio, com muita exatidão, de uma teoria da genitalidade, e não das origens da vida sexual, como confundiu a tradução. Esse livro certamente não deixa de inquietar por algum aspecto. Para os que sabem escutar, faz muito tempo que apontei nele o que pode, conforme a ocasião, fazer parte do delírio. Mas, por trazer consigo uma enorme experiência, mesmo assim ele deixa que se deposite em seus desvios mais de uma característica que nos é preciosa. A uma destas, tenho certeza de que o próprio autor não dá toda a ênfase que ela merece, dado que seu objetivo, em sua tentativa, é chegar a uma ideia harmonizadora demais, totalizante demais, de seu objeto, qual seja, a realização genital.[62]

O termo supervisão é notado em outra passagem do seminário sobre a angústia. Nessa passagem, Lacan mostra mais uma vez a posição de verificação, de controle onde coloca seu "público". Aqui, Lacan desenvolve a temática da pulsão, salientando a diferença entre o alvo e o objeto, um objeto que escorrega, sobre o qual Freud diz que desliza (*glisse là-dedans*):

Se quiserem verificar isso num texto, remeto-os à trigésima segunda lição da *Introdução à psicanálise*, que citei da última vez. A distinção que vocês encontrarão nela entre o *Ziel*, o alvo da pulsão, e seu *Objekt* é muito diferente do que se oferece inicialmente ao pensamento – a ideia de que esse alvo e esse objeto estariam no mesmo lugar. Freud emprega termos muito marcantes, o primeiro dos quais é *eingeschoben* [invadido, inserido] – o objeto desliza para dentro, passa para algum lugar. É a mesma palavra que serve para a *Verschiebung*, o deslocamento. Que o objeto, em sua função essencial, é algo que se furta ao nível de captação que nos é próprio é assinalado ali como tal.[63]

No seminário *Os quatro conceitos fundamentais da psicanálise*, a ruptura com a IPA é consumada e Lacan retoma os conceitos fundamentais, se servindo de sua audiência para introduzir uma política do controle: a supervisão do que é ou não é psicanálise. Nesse sentido, é precisamente a diferença entre a psicanálise, a ciência e a religião; uma diferença sobre a qual ele voltará em seu ensino. O papel do supervisor em seu desenvolvimento retornou mais uma vez para seu público.

[...] Uma falsa ciência, assim como uma verdadeira, pode ser posta em fórmulas. A questão, portanto, não é simples, uma vez que a psicanálise, como suposta ciência, aparece com características que podemos dizer problemáticas.

A que dizem respeito as fórmulas na psicanálise? O que é que motiva e modula esse deslizamento do objeto? Existem conceitos analíticos de uma vez por todas formados? A manutenção quase religiosa dos termos dados por Freud para estruturar a experiência analítica, a que se remete ela? Tratar-se-á de um fato muito surpreendente na história das ciências – o de que Freud seria o primeiro, e permaneceria o único, nessa suposta ciência, a ter introduzido conceitos fundamentais? Sem esse tronco, sem esse mastro, esse piloti, onde amarrar nossa prática? Poderemos dizer mesmo que se trata, propriamente falando, de conceitos? Serão conceitos em formação? Serão conceitos em evolução, em movimento, a serem revistos?[64]

No seminário sobre os problemas cruciais para a psicanálise, Lacan enfatiza a importância de controlá-la como tal, na medida em que a supervisão permite o avanço dessa prática a partir de diferentes áreas do conhecimento. Lacan acrescenta ainda que um analista não pode conduzir uma análise além de onde sua própria análise é capaz de conduzi-lo. Essa é uma lição que serve como uma supervisão:

> Para o controle de um tal trabalho, convocamos todos aqueles para os quais a noção de estrutura tem, em sua respectiva ciência, seu emprego. Esperamos além disso que conosco, desse trabalho, eles possam deduzir as condições de formação graças a qual o analista estará apto para conduzir uma análise. É nesse momento que nosso diálogo exemplar com o médico encontra seu patético.
> [...] Pois a psicanálise só valerá o que você valer quando se tornar psicanalista; ela não irá além do ponto onde ela pode te conduzir.[65]

No seminário sobre o objeto da psicanálise, Lacan aborda a questão da supervisão, dessa vez de maneira breve, e diz que, com seus pacientes, bem como nos casos que controla, suas propostas sobre a relação de objeto aparecem claramente na formação do inconsciente. Explica que não se trata, aqui, de invenções do analista, mas de reunir, da fala do paciente, aquilo que deve ser considerado em uma análise. A indicação implícita do que faz um supervisor torna-se clara.

> Claro que não é de hoje que tentei formar essa construção, essas redes, esses sinais indicativos, essas redes orientadas que se chamam sucessivamente "esquema L" ou "esquema R", grafo ou... depois de alguns anos, o uso das superfícies da *análise situs*.
> Afinal, aqueles que puderam me ver trabalhar, introduzir essas coisas, sabem que eu as construí, certamente contra ventos e marés, mas não unicamente pelo desejo de desagradar a meu público antigo e atual, mas porque eu só poderia seguir este plano a ser desenvolvido, no próprio discurso de meus pacientes ou no de cada um desses que eu pude ao menos supervisionar, que vêm ao meu encontro para fazer o

que, em psicanálise, se chama uma supervisão, me trazem totalmente cruas, totalmente vivas, essas mesmas fórmulas que, no caso, são as minhas; os pacientes falam delas estritamente, rigorosamente, exatamente como são ditas aqui. Se eu já não tivesse algo dessa topologia, como um pequeno sopro, os pacientes me teriam feito reinventá-la.[66]

No seminário sobre a lógica da fantasia, Lacan ressalta a importância de especificar o diagnóstico das neuroses – lembremos que um sintoma representa a estrutura, e que é a partir de um rigoroso diagnóstico que a supervisão toma uma orientação doutrinária sobre a conduta do tratamento.

Eu não o repetirei jamais em demasia, mesmo se pareço surpreender quando, junto àqueles que têm confiança em mim para vir fazer supervisão comigo, eu me oponho por exemplo com força contra o uso de termos como esses, por exemplo, de "estrutura histérico-fóbica". Por que isso? Não é semelhante uma estrutura histérica e uma estrutura fóbica! Não mais próxima uma da outra do que da estrutura obsessiva, cujo sintoma representa uma estrutura.[67]

Na aula de 21 de junho de 1967, Lacan enfatiza que a supervisão deve centrar-se na interpretação, aquela que designa um discurso que pode ou não produzir efeitos. É uma orientação à prática cuja teoria é introduzida iluminando-nos o caminho:

É que se a interpretação não tem esta relação ao que não tem nenhum outro meio de chamar de outra forma senão: a verdade; se ela é apenas esta última, enfim, a abrigamos, na manipulação, assim, de todos os dias, hein!... não vamos incomodar, assim, os... queridinhos que supervisionamos, a lhes pesar o lombo com a carga da verdade... Então lhe dizemos que a interpretação tem – ou não – "êxito", como se diz, pois ela tem… o quê? – é o critério, hein! – que ela tenha seu efeito de discurso!... o que não pode ser outra coisa... senão um discurso! Isto é, houve material, isso repercutiu, o tipo continuou a berrar.[68]

Embora a questão da supervisão não seja abordada diretamente na aula de 6 de dezembro de 1967, o seminário sobre o ato analítico, Lacan propõe o termo "psicanalisante" para definir quem está engajado em um trabalho analítico. É um "fazer" que se produz ao lado daquele que fala na busca de seu ser – "ser, por que não?". Lacan prefere o termo "psicanalisante" a "psicanalisado". Nessa perspectiva, podemos também, às vezes, usar o termo "supervisionando" em vez de "supervisionado".

Esta é uma aula sobre a prática analítica, mas também podemos lê-la como uma aula sobre a supervisão dessa prática:

> A lei, a regra, como se diz, que cerne a operação chamada "psicanálise", estrutura e define "um fazer". O paciente, como ainda se exprime a respeito dele, o psicanalisante, como eu introduzi recentemente para designá-lo e se difundiu rapidamente, o que prova que não foi uma palavra tão inoportuna, e que, aliás é evidente. Dizer "o psicanalisado" deixa sobre a realização da coisa todos os equívocos enquanto se está em análise. A palavra psicanálise só tem sentido ao indicar uma passividade que de forma alguma é evidente, muito pelo contrário, pois aquele que fala todo o tempo é exatamente o psicanalisante. Já é um índice. Esse psicanalisante cuja análise é levada a um termo, e como acabo de dizer, ninguém ainda definiu com precisão o alcance do "fim" em todas as acepções dessa palavra, é suposto que talvez um fazer bem sucedido. O pinçar de uma palavra como: "ser", por que não [...].[69]

No magnífico seminário *O Sinthoma*, podemos encontrar várias referências à prática de supervisão – na maioria das vezes, implícitas. Mas como escolhemos, nesta seção, nos ater às referências, às proposições explícitas sobre a supervisão, apresentamos as passagens em que Lacan diz a respeito.

Lacan compara o supervisionando ao *Rinoceronte*, de Eugène Ionesco, ao afirmar que o primeiro sempre está certo. Expõe, então, o que faz com aqueles que se autorizam a ser analistas, a quem recebe em supervisão. Em primeiro momento, a prioridade é adotar uma estratégia analítica, na medida em que aceita as ideias do supervisionando como sendo verdades inquestionáveis, pois é o analista como sujeito que está em jogo. Nessa perspectiva, não há nenhuma razão para contrariar a posição do supervisionando:

> Acontece que me dou ao luxo de *supervisionar*, como se diz, um certo número de pessoas que se autorizam por si mesmas, segundo minha fórmula, a ser analistas. Há duas etapas. Há aquela em que elas são como o rinoceronte. Fazem mais ou menos qualquer coisa, e sempre dou-lhes minha aprovação. Com efeito, sempre têm razão. A segunda etapa consiste em tirar proveito desse equívoco que poderia liberar algo do sinthoma.
> Com efeito, é unicamente pelo equívoco que a interpretação opera. É preciso que haja alguma coisa no significante que ressoe.[70]

A segunda fase trata de fazer ressoar o equívoco. Lacan enfatiza aqui que a interpretação não opera senão pelo equívoco. Essa questão será retomada dentro da Associação Mundial de Psicanálise, AMP, sobre o fim da análise e, consequentemente, sobre a supervisão. Essa ressonância sobre o equívoco, do qual trata de Lacan nessa passagem, refere-se também às semelhanças entre a experiência analítica e a experiência de supervisão na formação do analista.

Em outra passagem, Lacan nos pede para controlar a proposta que ele apresenta de que Joyce articula o inconsciente ao real. Mesmo não explícito, parece claro que Lacan quer orientar a prática analítica a partir do real, com base na experiência de Joyce com o real e na prática analítica, bem como na prática da supervisão.

> Peço-lhes que captem o seguinte. Quando ele faz uma lista delas, todas as suas epifanias são caracterizadas sempre pela mesma coisa, que é, de modo muito preciso, a consequência resultante do erro no nó, a saber, que o inconsciente está ligado ao real. Coisa fantástica, o próprio Joyce não diz a mesma coisa. É totalmente legível em Joyce que a epifania é o que faz com que, graças à falha, inconsciente e real se enodem.[71]

Em um de seus últimos seminários, *L'insu que sait de l'une bévue s'aille à mourre*[72], encontramos uma passagem que nos diz muito. Trata-se de uma amarração do percurso analítico pelo qual o analista se depara com a responsabilidade de não mais responder pela via dos sentidos, mas de sustentar, desde sua própria experiência analítica, aquilo que advém como uma invenção de seu analisante.

> Não é raro ver, por exemplo, um analista em supervisão que, em um momento dado de seu percurso, prefere deitar-se no divã a continuar a supervisão, e o que vemos com frequência é que, se ele prefere se deitar, é como se, deitado, sendo a regra a de poder dizer, não importa o quê, é como se, naquele momento, ele se livrasse do fato de ter de responder ao que diz, que poderia falar sem responsabilidade. Esse analisante pode acreditar nisso por um certo tempo, até o dia em que descobre, deitado, que, desses significantes pelos quais pensava não ter de responder no sentido da responsabilidade, ele tem de responder por eles, e talvez, nesse dia, para o analisante se coloque o passe, pois, nesse momento, poderíamos dizer que ele não é mais apenas o discípulo de Lacan ou de Freud, mas se torna o discípulo de seu sintoma...[73]

Para concluir esta seção sobre a localização dos termos "supervisão" e "controle" nos seminários de Lacan, colocamos em relevo um trecho mais recente. Lacan se mostra crítico sobre o uso do termo "supervisão". Especifica que a posição de supervisor instala uma posição subjetiva secundária. Podemos ver aqui, de certa forma, Lacan contra o Lacan dos anos 50. No caso de uma subjetividade secundária, não se trataria mais de uma supervisão, mas de uma relação a dois, entre pares. Essa observação, portanto, faz eco sobre suas próprias críticas, emitidas quando ainda estava na IPA.

O termo supervisão pode levar alguns analistas à ideia de que haveria uma maturidade a se conquistar em uma análise. Não tem nada a ver com o que Lacan propõe como uma experiência analítica. Se fosse questão de uma "super" visão, teria que ser pelo menos uma "super" audição, pois não se trata de ver, mas de ouvir o paciente. Lacan argumenta que, quando nos propomos a supervisionar um caso, sabemos que, na verdade, não controlamos nada. O que é importante, nesse caso, é acompanhar a condução de um tratamento pelo praticante a partir do que ele traz para a dimensão do dito. A *dit-mension*.[74]

Referências implícitas sobre a supervisão em Lacan

Nesta sessão vamos nos concentrar principalmente no texto "A direção do tratamento e os princípios do seu poder"[75], que, sempre muito atual, centra-se sobre a questão do que é um analista e nos dá orientações igualmente importantes na prática clínica. Por essas razões, parece-nos que podemos encontrar elementos sobre a supervisão.

Em várias ocasiões, Lacan fala abertamente do que se deve ou não fazer como analista, sem, contudo, que haja uma prescrição, na medida em que a ação do analista permanece singular, vinculada a cada paciente, apreendido um por um. Esse texto, apresentado no Colóquio de Royaumont, em julho de 1958, mostra o movimento do pensamento de Lacan em seu retorno a Freud, a ser entendido como uma crítica ao caminho tomado pela psicanálise dentro da IPA. Os três primeiros capítulos abordam o sujeito da interpretação, bem como da transferência, e Lacan mostra como a psicanálise se tornou uma prática feita de rituais e exercício do poder. Antes de entrar nesse texto, um retorno aos anos 1950, principalmente ao ano de 1953, nos parece fundamental para entender por que Lacan promove "o retorno a Freud", o retorno aos fundamentos de Freud.

Crise na Sociedade Psicanalítica de Paris: controle interno da instituição

Em 1953 surgem as diferenças dentro da Sociedade Psicanalítica de Paris, SPP, fundada em 1927. Perguntas sobre a criação do Instituto e a formação dos analistas estão no centro daquilo que vai se tornar uma crise, que durará um ano. Duas correntes distintas vão se polarizar: uma sobre Sacha Nacht, outra sobre Daniel Lagache. Lacan já desempenhava um papel importante naquele momento, pois seu pensamento foi notadamente reconhecido dentro da SPP e, como membro da Comissão de Ensino desde 1948, redigiu o regulamento por ela proposto.

Nacht vai apresentar um novo programa de formação e um projeto de estatuto para a SPP, que visava, principalmente, a garantir a hegemonia do seu grupo para lhe assegurar o poder. Também queria receber o reconhecimento oficial de uma formação reservada exclusivamente aos médicos. Lacan, por sua vez, irá propor outro programa. Conforme ressalta Jacques-Alain Miller, "os dois projetos de estatuto, apresentados um por Sacha Nacht e outro por Jacques Lacan, indicam claramente as questões doutrinárias, apesar do caráter 'conciliador' do segundo texto"[76].

A organização da formação e o processo de eleição dos analistas vão se tornar os pontos nevrálgicos entre os analistas. Em março de 1953, após a abertura do Instituto, dois acontecimentos chamam nossa atenção: o surgimento de uma revolta estudantil e a numerosa aderência, por meio de uma carta enviada a Nacht, às ideias propostas por Jenny Aubry, diretora do Instituto; e o pedido de demissão, por parte de Lacan, da presidência da SPP, cargo que ocupou durante a crise.

Juliette Favez-Boutonier, Daniel Lagache e Françoise Dolto demitem-se da SPP e anunciam a criação da Sociedade Francesa de Psicanálise, a SFP. Em julho de 1953, Lacan é informado pelo secretário-geral da IPA que a organização internacional o considera renunciado e toma conhecimento de que não terá palavra no próximo Congresso de Londres – mesma situação para os outros analistas que renunciaram à SPP.

Em 1958, enquanto Lacan escreve *A direção ao tratamento*, já fazia cinco anos que estava na SPF, o que não impediu que elementos de sua prática analítica fossem novamente colocados ali e novamente criticados dentro da SPP.

Jacques-Alain Miller aponta, em *La Scission* de 1953, que Lacan refere a si mesmo como se estivesse a pensar sua própria posição no movimento analítico. A IPA não vai reconhecer a SFP, o que irá causar algum desconforto, uma vez que há uma necessidade de pertencer a um grupo reconhecido por ela para ser considerado um psicanalista formado.

Em julho de 1958, a organização do Colóquio de Royaumont tem um objetivo: dar à SFP uma reputação e, consequentemente, fazê-la ser reconhecida pela IPA. Os dois relatórios apresentados, e claramente os mais representativos, foram o de Lacan, sobre a direção do tratamento, e o de Lagache, sobre a psicanálise e a estrutura da personalidade.

Lacan vai ficar dez anos dentro da SFP, de 1953 a 1963, período em que continuará seu ensino incansavelmente. Nessa década, vários membros da SFP trabalharam pelo reconhecimento por parte da IPA, em particular Wladimir Granoff e Serge Leclaire. De fato, durante a fundação da SFP, havia a expectativa de que a IPA avaliasse o trabalho feito na SFP, independentemente de questões políticas que haviam determinado a renúncia de alguns membros da SPP.

Caracterizada por sessões curtas, a prática analítica de Lacan é criticada e colocada como um importante obstáculo para ser reconhecida. Em 1963, o nome de Lacan é definitivamente removido da lista de didatas da SFP, como resultado de sua "excomunhão". Em 1964 Lacan funda sua Escola, a Escola Francesa de Psicanálise, que se tornaria a Escola Freudiana de Paris, da qual farão parte muitos analistas da SFP que escolheram segui-lo.

A SFP é, então, dissolvida sem ter sido reconhecida pela IPA. Em 1964, Lagache e alguns outros fundarão a Associação Francesa de Psicanálise, que, por sua vez, virá a pertencer à IPA.

Antes de discutir *A direção do tratamento*, também nos interessaremos pela obra intitulada *A psicanálise hoje*, à qual Lacan faz referência. Editado em 1956 sob a direção de Sacha Nacht, essa obra reúne artigos de autores tais como René Diatkine, Maurice Bouvet, Serge Lebovici, Jean Favreau, Julian de Ajuriaguerra e Marie Bonaparte. Foi publicada na coleção l'Actualité Psychanalytique de la Bibliothèque de l'Institut de Psychanalyse.

No prefácio, Ernest Jones, então presidente honorário da IPA, ressalta que, se as vicissitudes obstruíram o desenvolvimento da psicanálise na França, a organização do trabalho psicanalítico, sob a direção de Sacha Nacht, alcançou um alto grau de estabilidade. Para os editores, a coleção que acolhe o livro *A psicanálise hoje* visa a homenagear os esforços empreendidos pela Sociedade Psicanalítica de Paris, desde 1927, em transmitir e dar continuidade ao trabalho de Freud.

Os temas abordados nos quinze artigos dessa publicação são os mais diversos. Alguns indicam as vias pelas quais foram baseadas as pesquisas psicanalíticas daquela época, enquanto outros se referem diretamente à prática analítica – indicações e contraindicações da psicanálise com adultos, a clínica psicanalítica e a relação de objeto, a terapia psicanalítica, a psicanálise com crianças e o estatuto do adolescente – e propõem pensar a articulação da psicanálise com a educação, a neurobiologia, a medicina psicossomática e a supervisão mental. O texto que fecha o segundo volume, que destaca a história do movimento analítico na França, traz muitos detalhes sobre a organização das sociedades e institutos afiliados à IPA.

A direção do tratamento: não à relação dual; rumo ao final

Abordemos agora *A direção do tratamento*. Lacan, em "Advertências e referências", que vem fechar seu texto, estabelece o seguinte:

> La PDA: livro intitulado *La psychanalyse d'aujourd'hui*, publicado pela PUF, ao qual nos referimos unicamente pela simplicidade ingênua com que nele se apresenta a tendência a degradar, na psicanálise, a direção da análise e os princípios de seu poder. Obra de difusão para o exterior, sem dúvida, mas também, no interior, de obstrução. Assim, não citaremos seus autores, que não intervêm aqui por nenhuma contribuição propriamente científica.[77]

No início de *A direção do tratamento...*, Lacan responde ao artigo de Nacht, intitulado "La thérapeutique psychanalytique" e publicado na PDA: "O que escrevi aí é uma impropriedade. É pouco para aqueles a quem visa, quando hoje em dia já nem se faz cerimônia em declarar que, sob o nome de psicanálise, está-se empenhado numa 'reeducação emocional do paciente'"[78].

Nacht, nesse artigo, depois de ter dito sobre a evolução da psicanálise e enfatizado o fato de que Freud era contra o uso pedagógico da análise, aponta que essa recomendação freudiana era própria de sua época e que "hoje, no entanto, a possibilidade de uma reeducação emocional por meio de análise não pode nem deve escapar a ninguém"[79]. Lacan endurece o tom e nos salienta que "situar nesse nível a ação do analista implica uma posição de princípio"[80], e o resultado – especialmente sobre teses sobre a contratransferência – nada mais é do que uma manobra, um estratagema para dissimular a "impostura que aqui queremos desalojar"[81].

Posto isso, Lacan anuncia que o analista irá para a berlinda e introduz elementos fundamentais quando fala sobre a tática (a interpretação), a estratégia (a transferência) e a política (a falta-a-ser). Afirma que o analista paga com palavras, bem como com sua pessoa, quando "a empresta como suporte aos fenômenos singulares que a análise descobriu na transferência"[82]. E ele paga também com seu ser. Trata-se dos pontos essenciais que anunciam o que, mais tarde, reformularia como o desejo do analista.

A passagem a seguir destaca a verdadeira luta que Lacan empreendeu contra esses teóricos da SPP:

> Que não se preocupem comigo aqueles cujos votos se dirigem a nossas armas, ante a idéia de que eu me esteja expondo aqui, mais uma vez, a adversários sempre felizes por me devolverem à minha metafísica. Pois é no seio da pretensão deles de se bastarem com a eficácia que se eleva uma afirmação como esta: a de que o analista cura menos pelo que diz e faz do que por aquilo que é.[83]

Esta é a tese central do artigo de Nacht: o que orienta uma análise é o ser do analista, e sua formação depende muito de sua personalidade. Nessa perspectiva, defende a necessidade da análise didática e recomenda que o analista, durante sua carreira, se submeta a uma nova análise, "a fim de enriquecer e aperfeiçoar suas possibilidades terapêuticas"[84].

Lacan se refere também a outras passagens desse artigo para demonstrar o ponto em que o discurso analítico chega ao fim e a importância de especificar os conceitos no contexto da práxis analítica. Quando questiona a ação do analista a partir de seus fundamentos teóricos, nos impele a pensar pela própria essência da psicanálise e situa, portanto, a importância do retorno ao pensamento de Freud.

Todo o esforço de Lacan se baseia na tentativa de provar que o processamento analítico, longe de depender de um modelo relacional de troca, como o proposto por Nacht, é uma práxis organizada e estruturada em que o analista é apenas um elemento. Nesse momento de seu ensino, coloca a ação do analista no simbólico, no lugar do Outro, da linguagem, para que o sujeito, no contexto da experiência analítica, possa vir a ser o sujeito da fala.

Criticar os teóricos da contratransferência, vistos os principais no primeiro capítulo, é afirmar que a experiência analítica não é uma dialética subjetiva e que toda dimensão de reciprocidade deve ser excluída. Os sentimentos do analista, diz-nos Lacan, "só têm um lugar possível nesse jogo: o do morto"[85], o que contradiz a concepção de Nacht sobre a habilidade inata de ser analista.

Vemos que, no início de *A direção do tratamento...*, Lacan mostra como a psicanálise é desviada de seus princípios, a partir de "concepções teóricas precárias", e põe a questão que vai passar por todo o texto: como evitar que uma práxis se reduza ao exercício de um poder? Tomemos suas próprias palavras: "a impotência em sustentar autenticamente uma práxis reduz-se, como é comum na história dos homens, ao exercício de um poder"[86].

Esse comentário de Lacan é evidente, na medida que nos convida a refletir sobre uma prática estabelecida muito além de um ritual. Logo após o texto, Lacan marca a diferença entre a conduta do tratamento e a conduta do paciente: trata-se, portanto, da fineza advinda daquele que se submete à supervisão. Vemos que esse comentário vale muito mais do que qualquer conferência exaustiva sobre a técnica. Lacan insiste sobre o fato de que não tem nada a ver com a direção da consciência; se o fosse, a psicanálise viria a funcionar como uma religião.

Parece-nos que todo analista que conduz um tratamento, tendo tido acesso às proposições de Lacan, deveria colocar sua práxis na berlinda. A supervisão tem exatamente essa função.

Lacan indica o que chama de antifreudismo e aponta o fato de que, se abordamos a ação analítica como uma reeducação, o que poderia ser dito sobre a contratransferência apenas poderia servir como uma "manobra diversionista"[87]. Esse comentário é interessante porque a contratransferência ainda mantém um lugar importante, mas Lacan argumenta que não é a partir disso que conduzimos um tratamento.

Lacan se volta às analistas da década de 1950 que retomaram o conceito de contratransferência, desenvolvido por Ferenczi no início do século XX, Paula Heimann e, em seguida, Margaret Little, Ella Sharpe, Barbara Low e Lucia Tower, enfatizando o fato de que, nas analistas, a contratransferência é mais expressiva. Nesse sentido, considera que elas trabalham pela via da função do desejo no amor, já que o desejo não diz respeito ao objeto amado[88].

Durante o tratamento, confronta-se com a impotência em razão do não saber, e, se não fizer do tratamento o exercício de um poder, o lugar do analista não se sustentará além da transferência. Essa manobra mostra quão longe o analista, que favorece a transferência de poder, foi capaz de chegar em sua própria análise.

No exercício do poder, o terapeuta recorre a sua própria verdade, e essa abordagem faz com que o paciente se esqueça de que, em análise, são apenas palavras. Lacan adverte que o analista não pode se esquecer disso.

O analista não está fora do jogo; ao contrário, está lá completamente. Conduz a cura com base no que diz, no que faz, e sua ação tem influência na direção do tratamento. Quanto mais inquieto está o analista com seu ser, menos certo ele pode estar de sua ação. A técnica não está no controle daquilo que faz o analista; ela está a serviço daquilo que é visado pelo analista, ou seja, sua política.

A relação analítica apreendida como uma relação dual dificulta toda a liberdade em relação ao que deve ser privilegiado, pois essa relação elimina a possibilidade da transferência e de seu manuseio. Se a transferência estiver em marcha, o analista poderá dizer o que aparece na fala do analisante como uma possibilidade de comprometimento do sujeito com sua própria fala. Não se trata, portanto, de um eu forte que teria de erguer um eu fraco.

No que diz respeito à prática dos analistas da época, Lacan justifica sua crítica à direção tomada e observa que não é por prazer que expõe os desvios, "mas, antes, para, com seus escolhos, fazer balizas para nosso caminho"[89]. Traz-nos, então, elementos sobre o que é a prática da psicanálise e o que não é. Uma distinção que é possível apenas a partir da práxis.

Pode ocorrer que o analista permaneça surdo aos efeitos de transferência observados nos pacientes, e Lacan postula que a responsabilidade do analista está comprometida. Quando a contratransferência chega a ocupar toda a cena, "a verdadeira natureza da transferência" é ocultada, e o analista evita a responsabilidade de arcar com o peso que surge. A relação analítica reserva ao analista o lugar dos mortos, como aquele do jogo de *bridge*.

Já que o analista está no jogo, ele vai abrir as cartas, orientando o paciente na estratégia em que ele, o analista, deve seguir; no entanto, não joga como qualquer jogador com seu paciente, pois está sempre no lugar do morto. Se porventura ele ressuscita, não podemos mais saber quem conduz o tratamento. É por isso que Lacan explica que o analista é menos livre em sua estratégia do que em sua tática: quando ele interpreta, suas palavras são entregues ao analisante, assim como as cartas apresentadas pelo morto. Então é preciso estar atento para não entrar no jogo como um jogador. Ou seja, o analista deve sempre buscar sua estratégia, mantendo o lugar de transferência estabelecido pelo paciente, em vez de agir a partir da contratransferência. A contratransferência serve ao analista apenas na supervisão do caso e na ajuda em lidar com o que lhe poderia, eventualmente, desviar de seu caminho. A política da qual Lacan vai falar domina a estratégia e a tática, o que nos permite afirmar que o analista é ainda menos livre. O analista deve necessariamente se situar em sua falta-a-ser.

A análise deve ser conduzida até o seu final. Em último caso, no entanto, esse final pode escapar ao analista, pois não é padrão. Assim, antecipar-se para onde o analisante deve chegar – especialmente quando se baseia em princípios individuais do analista – conduz, de forma autoritária, que o modo de vida deste último seja tomado como referência, seja erigida uma norma. Essa abordagem, Lacan diz ser "frívola", e se escandaliza quando descobre que analistas, tendo completado sua análise, ainda seguem esse caminho.

Essa posição que Lacan denuncia só se sustenta se a ideia de um ego autônomo e inato do sujeito estiver no horizonte. O analista que segue esse caminho é classificado na categoria dos egos fortes e diferenciados, capazes de dizer o que se passa sobre tal sujeito e, finalmente, de dizer o que fazer para ser feliz. Ora, sabemos que não há receita para a felicidade, e é por isso que os sujeitos vão a um analista: um analista que também não sabe o que seria a felicidade.

A análise, lembremos, não está do lado da sugestão grosseira. A interpretação vem daquilo sobre o qual se opera a transferência, vem da pessoa que o paciente supõe ser o analista – o que não é um problema se o analista estiver atento à confusão que essa situação pode engendrar. Em outras palavras, aceitará o analista receber uma palavra não compatível a sua pessoa? Daí a precisão trazida por Lacan quando supervisiona analistas, na necessidade de orientação no tratamento: "É, pois, pelo que o sujeito imputa ao analista ser (ser que está alhures) que é possível uma interpretação voltar ao lugar de onde pode ter peso na distribuição das respostas"[90].

Quem é o analista? Quem fala? Lacan sabe que, a essa questão, terá a resposta "Eu". E, a esse "Eu", vai se opor com sua tese do inconsciente estruturado como uma linguagem, colocando em evidência que esse que fala é o Outro.

Sempre inquieto com as questões em torno de analistas iniciantes, Lacan vai questionar o lugar da interpretação na psicanálise. Essa preocupação ressalta o valor que dá à supervisão. Argumenta que uma interpretação não é uma explicação, uma gratificação ou uma resposta à demanda. Também não é um dizer que viria informar ao paciente sobre sua resistência. Um paciente que não deve, forçadamente, concordar com o que diz o analista.

Lacan afirma que não podemos compreender onde ocorre a interpretação se não colocamos uma função significante "que capte onde o sujeito se subordina a ele, a ponto de por ele ser subornado"[91], a fim de, por um lado, transmitir sua abordagem psicanalítica e, de outro, colocar nos trilhos o que está envolvido na interpretação. Afirma que, na sincronia, aparece a diacronia das repetições do inconsciente e, então, o elemento ausente. Lacan vai retomar o que disse Edward Glover, "a formação do sintoma é uma interpretação inexata do sujeito"[92], e acrescentar que, embora essa formulação seja relevante, Glover se perde porque não cessa de tudo interpretar.

A interpretação é inexata porque incide sobre o significante, que tenta levar em consideração o significado, modificá-lo na medida em que novamente o introduz. Freud, a partir da observação do movimento de vai-e-vem do *Fort-Da* da criança, demonstra que o significante substitui o objeto, um objeto insignificante. É mais o movimento que o interessa. Nessa perspectiva, o lugar da interpretação não pode ser pensado senão se levarmos em conta a preexistência da ordem simbólica e a estruturação do sujeito a partir dessa ordem.

Freud fez observações sobre a *Verneinung*, tornando óbvio o fato de que existe uma incompatibilidade entre a confissão daquilo que é recalcado e aquilo que se busca quando o analista está à espera da aprovação do paciente, impondo-lhe uma interpretação ao lado do sentido. Aqui está porque, segundo Lacan, a resistência em uma análise está do lado do analista.

As dificuldades de interpretação são, portanto, baseadas na dependência das paixões que são próprias ao analista. Citamos Lacan: "de seu receio, que não é o do erro, mas da ignorância; de sua predileção, que não é satisfazer, porém não decepcionar; de sua necessidade, que não é de governar, mas de ficar por cima"[93]. Se a relação dual não for superada pelo analista, sua ação será baseada em suas paixões. Lacan adverte, assim, que os praticantes iniciantes podem duramente permanecer no erro se a exigência da presença física do paciente em seu consultório for confundida com a relação analítica. Nesse caso, trata-se de uma reeducação, e não de uma análise. A transferência, aqui, é caracterizada mais pela segurança do analista em sua luta contra a realidade, e a interpretação permanece suspensa até a redução da transferência. Assim, o eu forte poderia fortalecer o eu fraco.

Lacan nos lembra que Freud fez o inverso a essas teorias com o Homem dos Ratos e com Dora. É a mesma coisa com o Homem dos Lobos, que o levou a localizar sua posição a fim de apontar sua participação na montagem de sua própria realidade. Freud o fez quando ainda não estava certo do que fazia. Ele sabia como usar a transferência já instalada para continuar o trabalho, envolvendo o sujeito em sua reclamação. O poder da transferência não dá ao analista o direito de entrar no jogo, como se ele estivesse jogando, nem de dar sugestões. Ele não pode e não deve usar esse poder. Existem princípios sobre o poder de transferência para os quais o analista deve estar bem posicionado.

Então, quando convidamos o analisante a se deitar? Para Lacan, a recusa do olhar frente-a-frente, *tête-à-tête*, do lado do analisante, é uma indicação do divã. Está no sujeito, no paciente, atuar como se a pessoa a quem se dirige não é mais aquela que está lá. Ela está em outro lugar.

Aqui, a diferença entre o instinto e a pulsão toma toda sua importância na articulação da pulsão ao advento do significante. Os impasses nos quais a vida moral do Homem dos Ratos e seu desejo são distorcidos mostram o caminho seguido por Freud em suas interpretações. Na neurose obsessiva, mostra que o lugar do Outro é o da morte, o lugar do falecido pai, o pai absoluto.

Quando uma interpretação é emitida, o sujeito é desvelado, deixa o anonimato. Tal é sua extensão que Lacan apresenta e não hesita em articular o trágico fim do Homem dos Ratos, nas trincheiras da Primeira Guerra Mundial, às interpretações de Freud. Além disso, para controlar a ação analítica, ele afirma:

> Digo que é numa direção do tratamento que se ordena, como acabo de demonstrar, segundo um processo que vai da retificação das relações do sujeito com o real, ao desenvolvimento da transferência, e depois,

à interpretação, que se situa o horizonte em que a Freud se revelaram as descobertas fundamentais que até hoje experimentamos, no tocante à dinâmica e à estrutura da neurose obsessiva. Nada mais, porém também nada menos.[94]

Nesse ponto, Lacan retoma um caso recebido por Melitta Schmideberg e, mais tarde, por Ernest Kris, e critica, em ambos os casos, a direção do tratamento. Esses dois analistas se desviaram de Freud. Trata-se de um paciente intelectualmente inibido, que pensa ser um plagiador. A interpretação de Schmideberg é baseada em um diagnóstico de delinquência infantil, que levou o sujeito a roubar livros e guloseimas. Kris já faz uma interpretação mais metódica, da superfície até a profundidade, de acordo com suas palavras. A fim de verificar se há plágio, conclui, depois de ler os escritos do paciente, que não se trata disso. Kris compartilha seu veredito com o paciente e quer lhe mostrar sobre o desejo de ser um plagiador para se impedir de realmente o ser. Lacan ressalta que há uma interpretação da defesa antes mesmo que a pulsão seja tocada e que a defesa e a pulsão não são concêntricas, não são moldadas uma na outra. Em resposta à intervenção de Kris, o paciente conta, então, sobre um *acting-out*: logo que saía das sessões, parava em frente aos restaurantes e olhava os cardápios para ver se havia cérebros frescos, seu prato favorito.

A crítica de Lacan a Kris concerne ao fato de que este foi longe demais em suas interpretações. O que foi importante ouvir do paciente não é que ele não tenha roubado, mas que ele não roubou *nada*. Ele não poderia ter uma ideia própria. Sobre esse paciente, Lacan fala de anorexia mental.

Embora Lacan nos tenha dito que não se tratava, nesse texto, de regras de interpretação, traz elementos sobre o que seria uma intervenção em função daquilo que o supervisionando poderia ouvir durante uma supervisão. É necessário que a retificação subjetiva parta das palavras do sujeito para retornar a ele.

Lacan cita a ideia da superfície de Kris, que a confunde com o superficial, para afirmar que é necessário usar outra topologia para localizar o desejo. Apagar o desejo, presente nas entrelinhas das palavras do paciente, não é a melhor maneira de seguir as lições de Freud. Voltemos ao contexto de "A direção do tratamento...". A SFP existia há cinco anos e ainda não era reconhecida pela IPA, e Lacan faz as mesmas críticas tanto a seus analistas remanescentes na IPA quanto a seus colegas da SFP. Quando pergunta onde seus colegas estão com a transferência, é Daniel Lagache quem está no centro de suas críticas, pois não diferencia o que se passa no início da transferência durante a análise do fim dela. Lacan e Lagache criticam os analistas da IPA, mas as diferenças técnicas que interessam a Lagache não o permitem apoiar uma crítica real.

Para entender a ação do analista, Lacan fez referência à fragmentação teórica dentro da IPA e expõe três características: o genetismo, o objeto de conexão e a introjeção intersubjetiva:

1) O genetismo: funda os fenômenos analíticos em momentos de desenvolvimento e baseia-se na observação direta da criança. Lacan acrescenta que a tentativa de Anna Freud em dar consistência ao que Freud propôs como um desenvolvimento da libido não só não acrescentou nada à técnica analítica como resultou em uma abordagem do tratamento como uma parceria entre o analista e analisante.

2) A relação de objeto: proposta por Abraham, engloba a noção de objeto parcial de maneira nova e interessante. No entanto, observa Lacan, peca quando essa parcialidade, sem qualquer articulação na transferência, torna-se uma capacidade de amar. Isso é um fato constitucional do paciente e, portanto, um critério do tratamento. A perspectiva de Abraham leva finalmente a uma dicotomia entre os caracteres pré-genital e genital, promovendo o fim da análise como adesão à felicidade por meio da realização genital.

3) Citamos Lacan:

> É preciso que haja ao menos três faces em uma pirâmide, ainda que de heresia. A que fecha o diedro aqui descrito na hiância da concepção da transferência se esforça, por assim dizer, por lhe juntar as bordas.

Se a transferência retira sua virtude do ser reconduzida à realidade da qual o analista é o representante, e se se trata de fazer o Objeto amadurecer na estufa de uma situação confinada, já não resta ao analisado senão um objeto, se nos permitem a expressão, em que fincar os dentes, e este é o analista.

Daí a noção de introjeção intersubjetiva, que é nosso terceiro erro, se instalar, lamentavelmente, numa relação dual. Pois trata-se mesmo de uma via unitiva, da qual os diversos molhos teóricos que a preparam, de acordo com a tópica a que se faz referência, só podem conservar a metáfora, variando-a conforme o nível de operação considerado sério: introjeção, em Ferenczi, identificação com o Supereu do analista, em Strachey, e transe narcísico terminal, em Balint.[95]

Lacan não concorda com a noção de introjeção subjetiva e ressalta o viés teórico no qual seus colegas se perdem. Privilegia o corte pela via do significante. A operação de corte faz surgir o desejo, e o sujeito se lança em busca de significado entre todos os significantes, na tentativa de recuperar seu corpo imaginário.

O desejo se produz no para-além da demanda, na medida em que, ao articular a vida do sujeito com suas condições, ela desbasta ali a necessidade, mas também ele se cava em seu para-aquém, visto que, como demanda incondicional da presença e da ausência, ela evoca a falta-a-ser sob as três figuras do nada que constitui a base da demanda de amor, do ódio que vem negar o ser do outro e do indizível daquilo que é ignorado em seu pleito.[96]

Na busca pelo desejo, esse significante é a chave para que uma análise chegue ao fim. Lacan retoma o caso de um paciente obsessivo impotente com sua esposa. A fim de encontrar uma solução para seu problema, sugere que ela dormisse com outro homem. A astúcia dessa mulher será revelada em um sonho: ela sonha que tem um falo, mas isso não a impede de desejar que esse falo a penetre. Quando o paciente ouve esse sonho, recupera sua potência. A partir desses elementos, Lacan ressalta que a interpretação, nesse caso, repousa sobre o seguinte: a recusa da castração é a recusa da castração do Outro, da mãe em primeiro plano. A mulher sonhou que tinha um falo, o que não a impediu de desejá-lo. O ser está em outro lugar, e a falta-a-ser é colocada.

O que é importante nessa passagem é a orientação explícita de Lacan sobre a preservação do lugar do desejo. É pelo sujeito que sua palavra é uma mensagem. Pouco importa se o sonho é o de sua esposa, pois é o paciente que o traz para análise. Lacan especifica que "[...] o desejo nada é senão a impossibilidade dessa fala, que, por responder à primeira, não consegue fazer outra coisa senão reduplicar sua marca, consumando a fenda (*Spaltung*) que o sujeito sofre por só ser sujeito na medida em que fala"[97] e acrescenta que a transferência corre o risco de se tornar sugestão quando, na análise, responde à demanda. Lacan lembra aos analistas que eles devem ser responsáveis na conduta dos tratamentos. Isso não significa que não haja relação entre transferência e sugestão. De fato, a transferência é uma sugestão, mas exercida apenas pela demanda do amor, que não é a demanda no nível da necessidade. Lacan critica os analistas que não sabem que, para fazer emergir o sujeito do significante, é necessário fazer um bom uso da transferência. Caso contrário, inevitavelmente cai-se no erro, pois é reduzido à necessidade. Devemos abrir a transferência em vez de fechá-la. Quando o paciente se opõe à sugestão e resiste a ela, é porque quer manter seu desejo. Lacan toma o sintoma como uma formação além do inconsciente e enfatiza sua sobredeterminação pela linguagem; essa linguagem que permite ao sujeito imaginar-se como diretor da cena. A fantasia é o que tornará essa suposição possível:

> [...] uma vez definida como imagem utilizada na estrutura significante [...]a fantasia, em seu uso fundamental, é aquilo mediante o qual o sujeito se sustenta no nível de seu desejo evanescente, evanescente porquanto a própria satisfação da demanda lhe subtrai seu objeto.[98]

A referência de Lacan ao grafo do desejo fica evidente aqui, impondo-nos a leitura do texto "A subversão do sujeito e a dialética do desejo no inconsciente freudiano"[99], que mostra a fantasia como aquilo que vem para marcar sua presença à resposta do sujeito, uma demanda que nada mais é que o significado da sua necessidade. Essa significação que vem do Outro faz o sujeito se interrogar como desejo.

Lacan faz referência à ação analítica no momento em que distingue a passagem ao ato do *acting-out*. Aqui, os analistas a quem ele dirigiu suas críticas são mal colocados porque insistem em uma mistificação do real, impondo uma distância entre a fantasia e uma resposta apropriada. Essa adaptação é, de acordo com Lacan, a exigência da identificação do paciente com o analista como o fim do tratamento. O analista se torna objeto para que o paciente se identifique com seu eu forte, mas não percebe que "se o desejo é a metonímia da falta-a-ser, o Eu é a metonímia do desejo".

Daí a gênese do líder que Freud havia afirmado em "Psicologia das massas e análise do eu", texto em que denuncia o risco da psicanálise se tornar uma psicoterapia de grupo. Para o grupo analítico, o risco é o mesmo. Ou seja, um grupo de analistas envolvidos no trabalho com o mesmo analista será identificado com o poder desse analista em uma posição de liderança. O poder desse analista, nesse caso, é o de "fazer o bem". Não há orientação.

Nas últimas linhas de "A direção do tratamento...", Lacan traz seis pontos sobre essa direção:

> 1. Que a fala tem aqui todos os poderes, os poderes especiais do trata-mento; 2. Que estamos muito longe, pela regra, de dirigir o sujeito para a fala plena ou para o discurso coerente, mas que o deixamos livre para se experimentar nisso; 3. Que essa liberdade é o que ele tem mais dificuldade de tolerar; 4. Que a demanda é propriamente aquilo que se coloca entre parênteses na análise, estando excluída a hipótese de que o analista satisfaça a qualquer uma; 5. Que, não sendo colocado nenhum obstáculo à declaração do desejo, é para lá que o sujeito é dirigido e até canalizado; 6. Que a resistência a essa declaração, em última instância, não pode ater-se aqui a nada além da incompatibili-dade do desejo com a fala.[100]

Concluímos, então, que devemos tomar o desejo ao pé da letra, já que é nas armadilhas dos significantes que ele se apresenta. Lacan pergunta: "A que silêncio deve agora obrigar-se o analista para evidenciar, acima desse pântano, o dedo erguido do *São João* de Leonardo, para que a interpretação reencontre o horizonte desabitado do ser em que deve se desdobrar sua virtude alusiva?"[101]

Lacan finaliza com um ponto fundamental sobre o final de análise: "[...] é preciso que o homem, macho ou fêmea, aceite tê-lo e não tê-lo, a partir da descoberta de que não o é".[102]

Embora "A direção do tratamento..." seja um ensinamento sobre o tratamento analítico, é também um ensinamento sobre a supervisão. A formação psicanalítica é impensável, como salientamos enfaticamente, sem o tripé do qual faz parte a prática de supervisão. Nesse sentido, a gestão da supervisão, se podemos usar essa expressão, toma as mesmas coordenadas que uma análise, no sentido da psicanálise pura. A relação supervisionando-supervisor baseia-se nas formações do inconsciente e opera a partir do real que emerge da cena transferencial.

Vimos como Lacan vincula a formação do psicanalista à política da psicanálise. Se fomos capazes de apreender nos textos institucionais da Sociedade Psicanalítica de Paris a participação ativa de Lacan na formação dos analistas na década de 1940, é nesses mesmos textos que se especificam as razões da sua ruptura com essa Associação e também o prenúncio do que foram suas elaborações posteriores. Os didatas da época exerciam um poder tanto sobre os analistas candidatos quanto sobre a vida da instituição, e foi pelo viés da supervisão que esse poder pôde ser exercido. Após a separação de 1953, Lacan adere à Sociedade Francesa de Psicanálise, criada por Lagache, Dolto e Favez-Boutonnier. No decorrer de dez anos, as questões sobre a afiliação da SFP à IPA e aquela crucial, que Lacan relacionou à formação de analistas, conduzirão à dissolução da SFP.

Durante esses anos, Lacan não deixou de combater os desvios da psicanálise nem de se afastar de qualquer ideia de experiência analítica como dialética subjetiva. À lista dos didatas, ele opôs a transferência e, à contratransferência, o desejo do analista. A supervisão foi uma parte importante dessa estratégia, pois a pergunta "o que supervisionamos/controlamos?" foi realmente levada a sério. Para Lacan, não são as resistências do paciente; nem as resistências que, na maioria das vezes, são do analista; nem o conteúdo. O que é controlado é o fato de existir um analista.

Em 1964, Lacan, após ter sido excluído da lista de didatas da SFP, fundou sua própria Escola, a Escola Freudiana de Paris. Nada de lista de didatas titulados, mas sim a transferência de trabalho como critério de escolha de um supervisor para o supervisionando.

Com a proposta de 1967, Lacan subverte qualquer ideia de conforto. O analista só se autoriza a si mesmo. O *gradus* Analista Membro da Escola é designado pela escola. O título de Analista da Escola também é concedido pela Escola, mas advindo do Passe; um controle a partir de uma análise bem-sucedida. É do AE a responsabilidade de interpretar a Escola.

O controle vai além da prática da supervisão vinculada à experiência analítica, que, aqui, seria o controle interno. De fato, Lacan inaugurou uma maneira de expor a psicanálise ao público em geral a partir de sua Escola, a Escola Freudiana de Paris. Haveria ali um controle externo da psicanálise.

CAPÍTULO III

A PRÁTICA DE SUPERVISÃO NAS INSTITUIÇÕES

Os jovens profissionais da saúde mental, no início de sua prática, buscam na psicanálise um apoio para sua atividade profissional. Dessa forma, a instituição psicanalítica deve estar atenta à formação desses jovens praticantes e se questionar sobre o que a supervisão pode lhes fornecer.

A invenção freudiana mudou a maneira humana de pensar, produzindo efeitos sobre a concepção do mundo contemporâneo. Na era da globalização, em que os valores são diluídos, a falência do Nome-do-Pai vem pôr em risco a própria existência da psicanálise. Além disso, foi a própria psicanálise – mais especificamente o ensino de Lacan – que contribuiu para a queda do Nome-do-Pai. Não se trata de uma nostalgia em relação à história de uma organização vertical, mas de manter-se firme na orientação, conforme Jacques-Alain Miller em seu texto "Uma fantasia"[1].

A prática da psicanálise muda, assim como a prática da supervisão. No entanto, é importante notar que a proposição freudiana, apesar dessas transformações, mantém-se firme a seus princípios e a sua ética. Uma ética que é aquela do desejo, que subverte a moral e interdita o gozo desenfreado.

Aqui vamos tratar a supervisão dentro de uma instituição. Para isso, abordaremos as transformações das instituições de saúde no Brasil com a criação dos Centros de Atenção Psicossocial (CAPS), inspirados na luta contra o sistema de internação. No Brasil, essa luta contra o confinamento encontrou inspiração e apoio na psicanálise. Apresentaremos algumas instituições nas quais fizemos intervenções e algumas em que ainda fazemos supervisão.

Essas experiências em instituições são antigas, mas optamos por propô-las por refletirem um momento político da saúde mental no Brasil. Hoje, cerca de trinta anos depois, as coisas mudaram. Passamos de uma vontade política de mudança para um simples raciocínio econômico: em um primeiro momento o CAPS se apresentou como menos oneroso do que a hospitalização.

Com base no caso de Vera, uma mulher hospitalizada em um CAPS, veremos que, se o primeiro efeito da supervisão está diretamente relacionado ao tratamento, pode ser seguido por um segundo, que vai afetar o próprio CAPS. Veremos que as dificuldades no manejo do tratamento levarão a uma nova hipótese diagnóstica durante uma supervisão e à inauguração de uma Apresentação de Pacientes. A consequência institucional será uma revisão da organização do atendimento entre as equipes. A rede de acolhimento da instituição, isto é, as unidades que a compõem, dará lugar a uma rede de saberes baseada na horizontalidade; uma horizontalidade dos saberes e da responsabilidade.

Antes de abordar essa questão, apresentaremos brevemente a psicoterapia institucional, sua gênese, quer dizer, a razão por que ela surgiu, quais são os principais instigadores, quais são as consequências. Essa prática é de nosso interesse por ter sido uma tentativa de mudar a visão sobre a doença mental. O doente, o paciente – para aqueles que foram os instigadores –, já não era mais um indivíduo descartado da sociedade devido a sua não adaptação, mas um sujeito. A instituição não se apresentava mais como um lugar de isolamento, mas de tratamento. Nessa perspectiva, a instituição vista como lugar fechado deveria se tornar um lugar de vida, um lugar de laço social possível.

Essa rápida apresentação será seguida de uma distinção entre psicoterapia e psicanálise aplicada à terapêutica. Diferenciá-las nos parece crucial, se não quisermos ver a psicanálise se diluir, desaparecer naquilo que se apresenta sob o significante "escuta".

Psicoterapia institucional, um tratamento da instituição

Dos experimentos realizados por eminentes psiquiatras dos séculos XVIII e XIX, podemos apreender as premissas das quais surgiria a "psicoterapia institucional". Encontramos muitas referências sobre esse tópico, incluindo as de Pinel e Esquirol, importantes promotores. No século XX, as experiências conduzidas no coração de algumas instituições vão inspirar trabalhos ao redor do mundo. Na França, François Tosquelles irá iniciar uma importante revolução no Hospital de Saint-Alban, inspirando-se na tese de doutorado de Jacques Lacan. Ele propõe que a terapia seja mais ativa e que os pacientes tenham voz sobre os tratamentos. Lacan, anos mais tarde, em "Alocução sobre o ensino"[2], vai dizer que sua bela tese de medicina havia adormecido e que foi despertada por Tosquelles, para quem deu o fio de Ariadne que o permitiu se reencontrar no labirinto do hospital onde trabalhava.

Outros atores também fazem parte desse panorama. Entre eles, Jacob Levy Moreno, Wolfgang Köehler, Kurt Lewin, Wilfred Ruprecht Bion e John Rickmann, na Inglaterra. Estes dois últimos contribuíram significativamente para a reflexão de Lacan sobre o trabalho institucional e trouxeram, para dentro da comunidade analítica, o trabalho em um pequeno grupo que Lacan, em sua Escola, conceituará sob o nome de Cartel. Encontramos também outras experiências. Por exemplo, a Clínica Tavistock e o trabalho de Harry Stack Sullivan contribuíram para a criação do que entendemos hoje como campo da saúde mental.

Essas propostas de psicoterapias institucionais surgiram quando apareceu um movimento que reivindicava a detenção da verdade sobre a doença mental. A Associação Americana de Psiquiatria (APA) propunha a padronização de critérios diagnósticos por meio do Manual de Diagnóstico e Estatística de Transtornos Mentais (DSM) e influenciou a abordagem de doenças mentais a partir da Classificação Internacional de Doenças (CID).

A psicoterapia institucional foi iniciada por aqueles que se recusaram a se submeter às injunções de tais normas, recusando sua hegemonia. No entanto, estavam atentos à supervisão de sua própria prática, e, portanto, à avaliação da formação do analista – pelo menos para aqueles que foram orientados pela psicanálise.

Psicanálise aplicada *versus* psicoterapia

Hoje, muitas instituições oscilam entre discursos de mestres e práticas administrativas, entre ideais e avaliações estatísticas, e algumas delas dependem da supervisão. É aí que se engaja nossa responsabilidade como psicanalistas formados pelo ensinamento de Lacan, em que temos de destacar que a escuta, quando não está orientada, leva a consistir o Outro. É também aqui que devemos entender que a psicanálise aplicada à terapia, tanto nas instituições quanto nos consultórios, é diferente da psicoterapia.

Lacan, logo no início de seu ensino, foi de S (A) a S (Ⱥ), fazendo do significante do Nome-do-Pai como aquele que viria a assegurar a consistência do Outro à inconsistência lógica, devido ao fato de que convivem juntos dois elementos heterogêneos: um significante e um objeto. Daí emerge que o supervisor também é inconsistente. Ele ocupa esse lugar se for pautado pela orientação lacaniana e a partir dos efeitos de sua própria análise, durante a qual ele terá conhecido essa inconsistência real na forma de um gozo não absorvível pelo significante, um gozo para sempre heterogêneo ao significante. Não se trata, portanto, de tomar o lugar do conhecimento, mas de deixar espaço para o inesperado, para a surpresa; de permitir que um praticante possa construir o caso, ordenar as palavras do paciente, identificar os efeitos do sujeito, entender a lógica e apoiar uma invenção, se for o caso.

Qual é a diferença entre psicoterapia e psicanálise? Em "Televisão", Lacan responde que a estrutura da linguagem tem duas vertentes – a do signo e a do sentido. A psicanálise está do lado do signo, enquanto a psicoterapia está do lado do sentido: "à vertente do sentido, concluo, o estudo da linguagem opõe a vertente do signo"[3]. Em outras palavras, a psicanálise visa ao gozo a partir do qual o sintoma é um signo. Jacques-Alain Miller, em seu curso "A orientação lacaniana", voltou à distinção entre psicoterapia e psicanálise: "É pelo viés do sentido que o lugar da psicoterapia pode ser confundido com o lugar do exercício da psicanálise. Há aqui no horizonte uma confusão, a confusão que eu dizia no duplo expropriador"[4]. O duplo expropriador, como foi dito, é a psicoterapia como um produto duplo da psicanálise, que, se não formos cuidadosos, viria a tomar o seu lugar. O original termina com "expropriado", de acordo com suas próprias palavras.

Luis Solano, sobre essa prática de supervisão institucional, diz que "leva tempo para se produzir um coletivo de trabalho sobre uma nova axiomática, uma outra clínica"[5]. Em uma instituição, uma outra clínica pode ser a passagem de uma observação de comportamentos ou fenômenos a uma análise estrutural, ao rastreamento da psicose, por exemplo, como veremos no caso Vera. Um rastreamento que permite ao paciente sair das repetidas hospitalizações devido ao desenvolvimento de uma solução única, apoiada por profissionais.

Enquanto o discurso do mestre tende para a identificação de todos, o analista sustenta a invenção do sujeito.

A supervisão clínica na instituição

A supervisão da clínica é fundamental no campo da saúde mental. Na verdade, o que permite à clínica permanecer soberana é a sua supervisão – um controle que exerce importante influência tanto sobre a operação institucional quanto sobre a política de saúde mental –, que, além disso, pode ser a porta de entrada para a formação psicanalítica.

A supervisão institucional tem características diferentes daquela praticada em clínicas de consultório. Na maioria das vezes, supervisiona casos que ainda não foram articulados, ainda nem foram construídos pelo praticante. Este, então, expõe todos os elementos do trabalho com o paciente, sem privilegiar nenhum.

A partir de sua concepção do que é uma Escola, apresentamos, no capítulo 2, que as elaborações de Lacan sobre a supervisão resultaram em uma mudança na formação do analista. De fato, com Lacan, a transferência com o supervisor se revela tão importante como aquela com o analista.

Quando um praticante se endereça a um psicanalista para discutir um caso, pensa que este último fará uma abordagem mais ampla e mais clara sobre uma intervenção clínica. Se, no trabalho, o praticante não entende que a intervenção do supervisor não é da ordem de "deve-se fazer isto ou aquilo", a supervisão deve apontar para a possibilidade de buscar por uma análise.

A prática da supervisão representa intrinsecamente uma hierarquia entre sujeitos. De fato, os supervisores ocupam imaginariamente a posição de analistas mais experientes. No campo analítico, sabemos que essa posição é duplamente difícil de manter. Em primeiro lugar, porque não é um saber *a priori* que vai orientar o tratamento de maneira mais relevante e, em segundo lugar, porque a posição do supervisor está em jogo nessa relação. É necessário, portanto, deixar mais clara a posição do supervisor em sua prática de supervisão dentro das instituições, na medida em que sua responsabilidade se engaja tanto nos tratamentos para os quais foi convocado quanto no caminho do praticante que o solicita.

Nossa experiência no CAPS Perdizes[6], instituição no campo da saúde mental, mostrou-nos que, da equipe de atendimento, podem vir informações importantes que não são compreendidas como tal. Mas mesmo nesse caso, permitem um novo olhar sobre o que há de incomum, de surpreendente no comportamento do paciente. As equipes são constituídas por profissionais de diversas áreas da saúde mental e, em algumas circunstâncias, também fazem parte da equipe de apoio e pessoal administrativo. Às vezes os elementos mais importantes em relação aos pacientes são fornecidos pelas equipes além daquela de cuidado, pois são essas equipes com quem os pacientes se deparam e com quem falam diariamente.

Notamos que a prática da supervisão produz efeitos nas instituições, os quais os mais notáveis focam o supervisor. Esses efeitos se traduzem nas demandas de supervisão individual de casos seguidos na instituição; supervisão de casos seguidos em consultório; análise pessoal; e orientação na formação analítica.

A relação com o supervisor pode levar a um engajamento na formação analítica e nas discussões sobre o duplo papel às vezes desempenhado pelo analista, como supervisor e analista do praticante. Aqui, também, a ética da psicanálise é necessária: sem padronização, mas não sem princípios.

CAPS, uma alternativa à internação

O CAPS foi criado no Brasil na década de 80, como resposta ao movimento de luta antimanicomial. Deve-se notar que essa criação foi possível graças à influência da psicanálise. Foi um avanço e uma alternativa indispensável na proposta de tratamento extra-hospitalar de psicoses e neuroses graves.

Desde a sua criação, esse tipo de unidade, sujeito às diretrizes do Sistema Único de Saúde (SUS), funciona tanto como hospital-dia quanto como centro de atendimento ambulatorial e seu objetivo é promover a continuidade no tratamento dos pacientes.

À época de nossa intervenção, outros princípios regiam a direção do tratamento na instituição, a saber, a transferência e a palavra. Foi assim que surgiu um programa de acolhimento chamado "É necessário falar", destinado a receber pacientes encaminhados por outras unidades. Esse acolhimento, sempre praticado por não médicos, objetivava tornar possível um tratamento pela palavra, desde o início, mesmo que uma intervenção medicamentosa fosse indicada posteriormente. Essa modalidade de acolhimento era o princípio da proposta alternativa ao tratamento convencional da psiquiatria.

A formação médica no Brasil exortou os médicos a serem pragmáticos e nunca deixarem um problema sem solução – o que tende a uma padronização de tratamento. No entanto, verificou-se que tentar aliviar rapidamente o sofrimento pela medicação pode reforçar a cronicidade dos problemas e que outras intervenções poderiam permitir um tratamento mais personalizado a um determinado paciente. Apesar de trabalhar para sensibilizar as autoridades públicas, os CAPS ainda estão sujeitos a imperativos de produtividade e resolução de problemas. Entre a consulta – chamemos de "consulta de medicação", realizada apenas uma vez por mês e que, portanto, pesa pouco nas finanças públicas – e o tratamento pela palavra, que compreende várias sessões por semana, as autoridades não hesitam em apresentar a relação custo-benefício. Essa realidade político-econômica nos obriga, psicanalistas na instituição, a inventar outras práticas orientadas pela psicanálise.

Os psiquiatras que integram os serviços públicos de saúde têm a tarefa de descobrir uma solução para todos os casos encontrados, sejam eles quais forem. Muitas vezes essa pressão vem da equipe multidisciplinar – psiquiatras, psicólogos, enfermeiros, terapeutas ocupacionais, assistentes sociais, pessoal administrativo –, que cuida dos casos mais difíceis. Como último recurso, recorre-se ao psiquiatra, principalmente quando o paciente apresenta agitação psicomotora e/ou agressão averiguada. Os psiquiatras também estão sujeitos à pressão dos gestores, que seguem as prescrições da medicina padronizada, o que exige que os psiquiatras tenham uma posição clara e objetiva, sem levar em conta que a interdisciplinaridade, por si só, não é suficiente no campo da saúde mental. É de fato necessário estabelecer outros tipos de relação entre disciplinas, um esforço que demanda muito mais tempo, disponibilidade, formação e meios financeiros. Lembremo-nos que, no Brasil da década de 90, essa questão da interdisciplinaridade era crucial, pois um serviço não poderia ser aberto nem se manter em funcionamento se não houvesse ao menos um representante de cada categoria profissional que compõe uma equipe de saúde mental.

Apresentamos duas instituições, o CAPS Perdizes e o Hospital Dr. Cândido Ferreira, nas quais estivemos envolvidos, entre outras coisas, como supervisores.

A supervisão no CAPS-Perdizes

No CAPS-Perdizes foi criada a Associação Ânima, formada por familiares e amigos dos pacientes dessa unidade, na qual contávamos com um grupo de promoção à saúde formado por psicanalistas da Escola Brasileira de Psicanálise (EBP-SP), membros da Associação Mundial de

Psicanálise. Esse grupo de psicanalistas tinha certa proximidade com o trabalho institucional e participou voluntariamente do processo de reabilitação dos pacientes. Também faziam parte da equipe de saúde e eram responsáveis pelas consultas de pacientes da instituição. Coordenado por Angelina Harari, o grupo se reunia mensalmente para discutir casos.

Durante dois anos, Maria do Carmo Dias Batista inseriu a supervisão na equipe de saúde. Vários casos foram apresentados, e os profissionais ainda não familiarizados com a psicanálise puderam colocar suas perguntas e obter algumas respostas em relação à difícil clínica da psicose.

O objetivo do CAPS-Perdizes era, e ainda é, reabilitar pacientes em sofrimento mental. Essa proposta fazia parte da minha prática tanto como psiquiatra quanto como psicanalista. Notemos que, hoje, não é certo que as duas posições, psiquiatra e psicanalista, possam ser separadas uma da outra, já que não somos mais os mesmos depois de termos sido infectados pela "peste", tomando as palavras de Freud, que é a psicanálise. A psicanálise, que não é redutível a uma técnica, exerce uma influência no trabalho com pacientes, funcionários e agentes de saúde mental. A inoculação desse "doce veneno" nas famílias, no bairro e na comunidade também produziu efeitos.

O CAPS-Perdizes funcionou da seguinte forma: no acolhimento de emergência, o paciente podia ser encaminhado ao hospital-dia, dentro do qual havia vários serviços, como consultas médicas, psicoterapias, atendimentos familiares, inserção em atividades terapêuticas ou encaminhado ao atendimento ambulatorial, no qual se incluíam as oficinas. O paciente participava da decisão de seu tratamento.

Três conceitos de Lacan são de particular interesse para nós aqui: a Política, a Estratégia e a Tática. A Política nos permite pensar aonde queremos chegar com o tratamento, isto é, chegar ao ponto em que o sujeito assume a responsabilidade por quem ele é no mundo e o que ele faz. A Estratégia consiste em descobrir como lidar com a demanda, começando pelo lugar onde o sujeito nos coloca, a fim de nos conduzir ao que a política nos direciona e, finalmente, a Tática, em que temos mais liberdade em nossas intervenções: um mundo ilimitado de possibilidades.

O atendimento ambulatorial é uma alternativa ao funcionamento intensivo do hospital-dia, mas, se necessário, o paciente pode reintegrá-lo totalmente. É uma oportunidade para estabelecer um laço social na medida em que seu funcionamento é menos protetor, no sentido de confinamento, e menos segregador. Assim, os pacientes poderiam ser inseridos nas oficinas ou, ainda, frequentar o CAPS como um local de convívio, já que as atividades incluem a comunidade. Esse cuidado, que visa a inserir o paciente em sociedade, possibilita acolher uma amostra maior de categorias diagnósticas, o que nos mostra que é possível trabalhar na mesma perspectiva com as toxicomanias, anorexias, etc. Ou seja, com o conjunto dos sintomas contemporâneos.

Uma população importante frequentava os serviços do atendimento ambulatorial com o único propósito de obter receitas para drogas psicotrópicas, que prometem a resolução de todos os males. Pudemos abordar isso estabelecendo pré-consultas nas salas de espera, recebendo indivíduos que não estão necessariamente doentes. Estamos cada vez mais convencidos de que, além da troca de informações e experiências, podemos inaugurar um novo espaço, onde poderiam surgir questões mais íntimas, criando, assim, um novo lugar de tratamento e/ou abrindo a possibilidade de construir laços sociais legítimos e profícuos. Cada vez mais, o atendimento ambulatorial deve servir ao objetivo de criar caminhos que apoiem uma prática na qual os rótulos e a esperança de cura total pela ciência sejam menos significativos.

A introdução do discurso psicanalítico dentro do CAPS-Perdizes, a partir das ferramentas desenvolvidas por Freud e Lacan, produziu efeitos não apenas nos pacientes, mas também na instituição, tanto no nível do funcionamento administrativo quanto no nível das equipes nas quais introduziu-se a ideia de que cada um é responsável pelo que faz enquanto funcionário. Não é uma questão de psicanálise da instituição, mas de permitir a circulação do discurso analítico e fazer com que este se torne um modo de abordar questões para aqueles que o desejam.

Na instituição, a psiquiatria e a psicanálise mantêm sua especificidade, mas podem se misturar quando necessário.

No CAPS-Perdizes havia também o Grupo Operatório (GO), que ocupou um lugar privilegiado nas atividades. Reunia usuários e equipes administrativa e terapêutica uma vez por semana e era a única atividade quase obrigatória em que se garantia a assiduidade de todos os usuários.

Esse grupo sofreu grandes mudanças ao decorrer de reuniões de supervisão, durante as quais seu funcionamento foi questionado. Por meio de pequenas observações indagando a equipe sobre o funcionamento do GO, percebem-se os preconceitos desta sobre os pacientes internados. O GO funcionava como as reuniões gerais da instituição, ou seja, o relatório de cada reunião era registrado e posto à disposição para a consulta de todos os membros da instituição. Durante essas reuniões, as mais diversas questões eram discutidas, principalmente sobre as falhas, embora o funcionamento e a rotina do local também pudessem ser discutidos ali. Além disso, os usuários podiam marcar sessões para assuntos pessoais. Em cada encontro, um usuário ocupava a posição de coordenador: organizava a sequência das falas, geria o tempo e sustentava o fio da discussão. Pacientes que poderíamos considerar incapazes de executar essa função provaram ser excelentes coordenadores ao longo do tempo. Às vezes somos surpreendidos pela profunda diferença de comportamento em alguns quando se prestam ao papel de coordenador ou relator. Essa experiência permitiu emergir novas potencialidades e mudar a visão sobre cada uma delas.

O GO exigia do cuidador responsável uma posição além da terapêutica, pois esta, a cada vez, questionava sua posição subjetiva: as discussões poderiam levá-lo a uma direção insuportável. No entanto, se adotasse uma posição de escuta e de testemunha, poderia calcular o tempo e o momento de suas intervenções na dinâmica criada entre os sujeitos. Quando necessário, fazia-se uma presença ativa, um ponto de basta e levava as perguntas às autoridades competentes, administrativas ou terapêuticas se se tratasse de análise pessoal – uma análise feita em outro lugar.

A supervisão no hospital Dr. Cândido Ferreira e suas 5 equipes

Há quinze anos, quando introduzimos a prática da supervisão no Hospital Dr. Cândido Ferreira, esta era composta por cinco equipes: o Núcleo de Atenção à Crise (NAC), o Núcleo de Oficina de Trabalho (NOT), o CAPS-Esperança, o CAPS-Estação e a Unidade de Atenção à Dependência Química (NADeQ).

1. NAC – Núcleo de Atenção à Crise

No processo de reabilitação psicossocial que fazia parte da luta contra a internação, a hospitalização em tempo integral corria o risco de se tornar a vilã da história. Os casos mais graves eram hospitalizados quando falhavam as tentativas das equipes de atendimento de outras unidades de manter os pacientes fora do hospital. Dentro da equipe do NAC, a supervisão teve o efeito de gerar o desejo de saber o que estava acontecendo em outras unidades, um desejo de adquirir novos conhecimentos, de entender a doença mental de outra forma além do ângulo da enfermidade. As outras unidades que se articulavam em rede com o NAC também passaram a apreender algo do núcleo, algo como uma clínica da crise.

2. NOT – Núcleo de Oficina de Trabalho

O objetivo do NOT é o da reabilitação psicossocial de pacientes com graves transtornos mentais, geralmente psicóticos, inserindo-os em pequenas cooperativas de trabalho. Diversas atividades eram ali propostas, como vitrais, mosaico, marcenaria, restauração, reciclagem de papel, cooperativas agrícolas, etc. Visava permitir uma passagem do trabalho protegido ao mercado de trabalho. A equipe de atendimento se envolveu gradualmente no trabalho propriamente clínico, tornando a abordagem a esses pacientes cada vez mais complexa. Foi por isso que a supervisão clínica se tornou urgente e, então, foi instaurada.

3. CAPS-Esperança

Inicialmente, esse CAPS era um hospital-dia. Ele veio como uma alternativa à hospitalização em tempo integral e promovia uma desinstitucionalização. Os pacientes eram, em sua maioria, indivíduos com transtornos graves, crônicos, que exigiam intervenções tanto durante quanto fora das crises, o que dificultava para a equipe o encaminhamento para outras unidades após os momentos de crise em razão da transferência estabelecida com os profissionais durante o tratamento. Como esses pacientes demandavam atendimento tanto à noite quanto de dia, o hospital-dia tornou-se um CAPS. Foi durante a supervisão que as questões sobre a importância da manutenção da transferência foram discutidas, determinando a criação do CAPS como medida para evitar a hospitalização dos pacientes do NAC. Essa criação mostra que a clínica, a transferência, prevaleceu sobre uma solução que teria sido mais fácil de gerenciar do ponto de vista institucional; uma solução que era um simples encaminhamento de pacientes para outra unidade.

4. CAPS-Estação

A equipe de atendimento tinha reorganizado o tratamento dos 140 pacientes do serviço, que podiam ser classificados como os pacientes cronificados do hospital Serviço de Saúde Dr. Cândido Ferreira, oferecendo, entre outras coisas, as "moradias". As moradias são residências terapêuticas destinadas a pacientes que foram confinados no hospital psiquiátrico por muito tempo, com mais de 40 anos de internação. Nessa altura, havia 28 moradias. A dificuldade da vida cotidiana dos pacientes em regime de reclusão psiquiátrica confrontou a equipe, uma questão que tornou quase obrigatória a criação de um outro espaço de reabilitação. Foi assim que o CAPS-Estação nasceu, fora do hospital, e abriu, não apenas aos pacientes crônicos, mas a toda a comunidade, a possibilidade de atenção em tempo integral.

O pedido de supervisão foi dirigido a mim tanto pela experiência como diretor do CAPS-Perdizes quanto pela minha inserção na psicanálise de orientação lacaniana. O avanço dessa equipe era bem conhecido: deixou de se preocupar apenas com os aspectos socioeconômicos da vida dos pacientes para prestar atenção em sua posição como sujeito. Cada usuário se tornou um sujeito com suas questões singulares, e foi nesse ponto que a equipe pôde se ver diante de um impasse. A abordagem clínica caso a caso teve repercussões em todos os tratamentos, porque ela questionou cada membro da equipe enquanto sujeitos. Surgiu, então, a demanda por uma supervisão individual, autorizada pelo conselho de administração da instituição. Essas supervisões foram, portanto, tanto coletivas quanto individuais.

5. NADeQ – Unidade de Atenção à Dependência Química

Essa equipe era diferente das outras por uma especificidade: trabalhava com indivíduos dependentes de álcool e/ou drogas. Os muitos impasses encontrados por essa equipe, em parte devido à elevada proporção de psicóticos, levaram-na a procurar por uma supervisão. Depois de várias tentativas sem sucesso, adotaram a orientação lacaniana. As reuniões sobre o tema da toxicomania como sintoma contemporâneo e transestrutural ajudaram a equipe a reorientar certos tratamentos. Outras experiências de controle também nos ajudaram a refletir sobre essa prática e encorajar a propor nossa tese de doutorado. Apresentamos cinco:

> **a) Equipe de atendimento do CASME Piracicaba-SP:** essa equipe pediu que fosse estabelecida uma supervisão para que funcionasse como um CAPS, pois conheceu dificuldades clínicas e institucionais que ameaçavam o funcionamento de seu modelo psiquiátrico tradicional. Nem o ecletismo a nível clínico nem as referências teóricas específicas para cada atendimento na condução dos tratamentos conseguiu convencer os órgãos administrativos da mudança de Centro de Acolhimento em Saúde Mental (CASME) para CAPS. De fato, esse ecletismo fez barreira a uma proposta de tratamento de paciente em paciente, e então a diferença entre CASME e CAPS, em termos de resultado, não foi, burocraticamente, significativa. Nota-se que, alguns anos depois, o CASME, para onde eram encaminhados os pacientes uma vez a cada três meses, para consultas do tipo "renovação das prescrições", desapareceu sob decisão do Ministério da Saúde, em benefício ao CAPS.

b) CAPS-Sul: essa unidade foi criada fora do hospital, sob o projeto de desinstitucionalização do Hospital Dr. Cândido Ferreira, e anexada a um projeto da Secretaria de Saúde do Município de Campinas-SP. Após conflitos sobre os tratamentos, como o incentivo da secretaria de saúde sobre tratamentos inferiores a quinze dias, o CAPS-Sul solicitou a instituição de uma supervisão. Com reuniões de supervisão, a equipe de atendimento pôde sustentar sua proposta clínica ao lado dos gestores.

c) Coordenação da Saúde Mental de Itaquera, Secretaria Municipal de Saúde de São Paulo: na rede de acolhimento da região de Itaquera, as demandas por uma supervisão tomaram formas muito diversas, devido ao número de unidades de tratamento de saúde mental, de sua diversidade e de sua necessidade. Àquela época, a rede acolhia mais de meio milhão de habitantes e contava com seis unidades de tratamento. O ponto de partida da coordenação de saúde mental, quando a supervisão nos foi demandada, foi com base nisto: a orientação lacaniana pode não somente conduzir o trabalho clínico, como também produzir efeitos além da medida em que intervém no funcionamento de uma vasta rede de assistência à saúde mental. Essa premissa, bastante ousada, foi baseada nos resultados positivos constatados em outras instituições onde uma supervisão sob orientação lacaniana havia sido implementada. A implementação de tal projeto requeria uma solidez tanto conceitual quanto política. Nessa perspectiva, a presença do supervisor sem o apoio dos diferentes profissionais não foi suficiente para fazer o trabalho avançar. Assim, as supervisões foram desenvolvidas em conjunto com as equipes que compunham a rede de saúde mental de Itaquera, o que teve como consequência o fato de os efeitos ocorrerem em cada unidade da rede. A partir dos casos que nos foram trazidos sob supervisão, reiteramos a orientação que consiste em privilegiar o surgimento do sujeito que fala em vez de olhar para o paciente, já bem estigmatizado na instituição.

Essa posição poderia ter sido apoiada pela equipe de saúde se tivesse total liberdade em relação a seu funcionamento. Não foi o caso, e, portanto, essa experiência de supervisão deixou muito a desejar. Parece importante notar que a extensão do CAPS não teve apenas efeitos positivos. Inicialmente, houve demanda de supervisão para questões clínicas, tais como "como administrar o tratamento de pacientes que chegam ao CAPS todos os dias?", e, em segundo lugar, a demanda por supervisão focada em questões mais políticas, como "precisamos de 'protocolos' de tratamento?". De fato, se não há espaço para o sujeito, todos os pacientes são reduzidos à categoria de doentes mentais e devem entrar em um protocolo.

d) Equipe de saúde da Secretaria Municipal de Educação de São José dos Campos, SP: essa equipe de educação especializada da Secretaria Municipal de Educação de São José dos Campos tinha solicitado assistência clínica. Esse trabalho se desenvolveu de acordo com várias modalidades, tais como cursos, supervisões clínicas e discussões clínicas e institucionais. A orientação lacaniana deu uma direção a essa abordagem educacional, a educação especial, permitindo também que fosse introduzida a noção de sujeito.

e) Hospital Vera Cruz de São Paulo: esse hospital, que funcionava sob modelo psiquiátrico clássico, tinha proposto a abertura de um hospital-dia com um funcionamento conduzido pela psicanálise de orientação lacaniana. Os efeitos sobre a equipe superaram a prática do hospital-dia e atingiram o modo de atendimento aos pacientes durante a internação em tempo integral. Voltaremos com mais detalhes sobre esse hospital quando tratarmos a supervisão como o motor da reformulação de uma rede de saberes.

Rede de Saberes: uma nova relação com o saber[7]

Praticar a psicanálise em instituições implica revisitar conceitos psicanalíticos. É também necessário levar em conta o inconsciente, a subjetividade de cada membro da equipe em questão, a fim de realçar o singular no coletivo da instituição. Essa elaboração se desenvolve durante discussões clínicas, reuniões internas, supervisões e reuniões interinstitucionais.

O discurso analítico produziu efeitos dentro de uma instituição de vários níveis, tais quais organizacionais, administrativos, financeiros e políticos. No entanto, certas condições, como um funcionamento democrático, um lugar reservado à fala em que os chefes não se fixam à posição de chefia, são necessárias para que o discurso analítico opere em cada instituição, se espalhando de maneiras diferentes.

A psicanálise desempenha um papel fundamental na história da saúde mental, pois criou vários dispositivos que constituem a rede de atendimento. Esses dispositivos surgiram em resposta a um clássico modelo psiquiátrico que propunha apenas a internação. A rede sugere um novo modelo, no qual a reabilitação psicossocial, a família e o conceito de referência são a base. Cada paciente tem um referente na equipe, não necessariamente o médico ou o psicólogo.

A psiquiatria clássica foi concebida como modelo ideal de tratamento, isto é, não foram levadas em consideração as particularidades de cada categoria profissional. De acordo com Célio Garcia, "A própria ideia de organização, nós a pensamos em termos de rede – em sua horizontalidade – em contraposição a organograma, sua verticalidade e especialização"[8].

A organização dos centros e instituições de acolhimento em saúde mental deve ser construída no horizonte para o qual aponta a clínica; uma clínica orientada por princípios como a não coletivização, o não rotulamento ou a não segregação; a integração política, levando em conta o real no tratamento; a transferência e as interrelações dos diferentes discursos e interesses dos profissionais da instituição.

O discurso analítico orienta a ação lacaniana. Dirige-se ao Outro, mas não à massa. Busca na multidão a brecha na qual se aloja o sujeito e seu gozo. Mais ainda, cria a brecha por onde o sujeito pode retomar a palavra.[9]

O discurso do analista opera sobre o mal-estar sem excluir o real, o real que é "exatamente o que Freud chamava de 'mal-estar'"[10], e como ele afirma, "Não há, aqui, um conselho válido para todos; cada um tem que descobrir a sua maneira particular de ser feliz"[11].

A psicanálise não tem vocação para atender à demanda social, a padrões ou a ideais. Também não se trata de dar ao sujeito uma identidade sintomática, um "nome social", como disse Carlo Viganó[12]. Trata-se de fazer surgir o sujeito do inconsciente, lá onde toda resposta à demanda social tende à identificação.

Em oposição ao discurso da ciência, Lacan diz: "Pois bem, o discurso analítico se especifica, se distingue por formular a pergunta de para que serve essa forma de saber, que rejeita e exclui a dinâmica da verdade"[13].

É necessário deixar a lógica utilitarista sustentada pelo discurso científico para que o sujeito possa dizer sobre o que o faz sofrer e, assim, rever seu modo de gozo. "A palavra, que é o instrumento do qual se serve o analista, repercute mais além do sentido e não opera por mandamentos ou protocolos"[14].

Freud soube nomear o "mal-estar" na civilização e Lacan, o seu sintoma. De nossa parte, temos de dar conta do sintoma da instituição na época do Outro que não existe e em um regime do significante mestre que quer redefinir de maneira funcional, em uma utopia utilitarista, as identidades mais fundamentais daquilo que constitui o sujeito.[15]

Enquanto a instituição é organizada principalmente a partir do discurso do mestre, o praticante da psicanálise opera em uma vertente oposta, provocando a circulação do discurso. Para Lacan, o outro lado da psicanálise é o discurso do mestre[16]. Essa abrangência do discurso do mestre faz com que o discurso analítico não esteja sempre presente na instituição: é contingente, é o resultado de uma operação discursiva.

A instituição é um espaço coletivo no qual circula a suposição do conhecimento, cujas relações de amor, um amor dirigido ao conhecimento, carregam a marca do coletivo. Assim, a questão da transferência na instituição é apreendida e manejada diferentemente da psicanálise pura: "A ausência de uma transferência típica, instalação do sujeito suposto saber, requisita desse modo a criação de algo que poderíamos chamar de uma rede moderadora de gozo enquanto estratégia de tratamento"[17].

A supervisão: motor da reformulação de uma rede de atendimento

Após a supervisão clínica em uma unidade do hospital particular Vera Cruz, que suscitou numerosas questões e provocou efeitos na equipe e na organização, a direção do hospital solicitou uma supervisão institucional.

O Hospital Vera Cruz era composto pelas unidades que contemplavam uma unidade de hospitalização psiquiátrica em tempo integral; uma unidade de tratamento para adicções; um hospital-dia e um dispensário. Esse hospital, instituição tradicional, havia decidido pela criação de um tipo aberto de atendimento. O projeto de um hospital--dia tinha sido apoiado por uma equipe multidisciplinar de orientação psicanalítica. As diferentes unidades do hospital dependiam da mesma administração, porém, as equipes de atendimento de cada uma dessas unidades eram independentes em relação à conduta do tratamento, ao fluxo de pacientes, a projetos e programas.

A equipe de atendimento do hospital-dia era interdisciplinar, e alguns de seus membros estavam em formação psicanalítica de orientação lacaniana. Foi nessa unidade que fomos responsáveis pela supervisão clínica, antes de ocuparmos essa função em toda a instituição.

Apresentamos, agora, o caso de uma paciente, Vera[18]. Com essa paciente, que passava de uma unidade a outra, a rede, em sua dimensão puramente funcional, havia demonstrado seus limites, bem como a necessidade de ir além desse aspecto, e visava a torná-la um local de transmissão de conhecimento.

Vera foi enviada ao hospital-dia com o diagnóstico de "transtorno afetivo bipolar". Expressando-se facilmente sobre sua "doença", apresentou-se como alguém que conhecia bem seu sofrimento: sintomas, medicamentos e períodos pré-crise, durante os quais oscilava entre mania e depressão.

Sua história foi marcada por várias internações – "mais de dez" disse ela. Vera havia passado por várias instituições privadas e se dirigia a emergências públicas durante as crises. Foi seu centro de referência de saúde que a orientou ao hospital-dia, e, de fato, seu plano de saúde requereu que uma nova modalidade de atendimento fosse instituída, devido aos custos de suas repetidas internações.

Vera era inteligente e possuía uma boa cultura geral. Havia estudado gestão de negócios em uma universidade conceituada de São Paulo e, aos 37 anos, estava divorciada há oito anos e morava sozinha. Tinha três irmãs e seus pais já haviam morrido. Tinha uma filha, criada pelo pai, a qual quase não via. De acordo com sua família, sua filha não aceitava o problema da mãe. Vera era gerente de banco mas, quando a conhecemos, estava de licença.

Vera foi hospitalizada pela primeira vez devido a um estado depressivo. Associou o evento à ruptura com seu marido, que a havia traído com outra mulher. Posteriormente, rompeu com todos os laços familiares e se colocava em situações de risco, como sair sozinha à noite e levar estranhos para casa, com os quais tinha relações sexuais. Durante um desses episódios, foi roubada. Discutia com vizinhos e tinha feito, naquela época, várias tentativas de suicídio. Vera mobilizava as equipes das instituições por onde passava. Quando estava melhor, falava das dificuldades relacionadas aos cheques que teria assinado, dos homens com os quais havia tido relações sexuais, das lembranças do seu casamento que havia terminado, de sua filha, que não a queria ver: "miséria de sua vida".

Em diferentes ocasiões, as equipes que haviam atendido Vera tinham vislumbrado soluções para seus problemas sociais e suas dificuldades de relacionamento quando, por exemplo, ela perguntou: "quem vai me atender durante a crise?".

No hospital-dia, ela participava de atividades terapêuticas e frequentava consultas individuais e de grupo. Durante as atividades, constantemente perturbava os participantes, interrompendo os outros pacientes com seu choro incessante ou comportamento agitado.

Episódios se repetiram durante o tratamento: pouco a pouco, ela se desorganizava em suas atividades diárias, seu estado se agravava, as situações de risco retornavam e ela passava do hospital-dia à hospitalização em tempo integral. Como Vera foi atendida por uma nova equipe, o tratamento no hospital-dia foi interrompido.

A primeira apresentação de doenças

As dúvidas sobre o diagnóstico, as estratégias e o manejo do tratamento levaram a equipe à supervisão. Notemos que essas dúvidas tornaram difícil a direção do tratamento; a equipe do hospital-dia entrava também na série das sucessivas internações de Vera.

Durante a supervisão surgiu a seguinte questão: tratava-se de passagens ao ato em uma histérica ou em uma psicótica? As discussões se deram ainda sobre os fenômenos apresentados por essa paciente. Eu disse à equipe que se tratava, provavelmente, de um caso de psicose e marcamos uma reunião para uma apresentação da paciente. Foi assim que se deu lugar à primeira apresentação de pacientes nesse hospital--dia particular.

Durante a entrevista conduzida por mim, Vera falou sobre seus sintomas e sua doença em um discurso que já sabia de cor e falava, por exemplo, de seu "transtorno bipolar". Pedia sempre que ela explicasse os termos que usava. Perguntava a ela sobre sua vida e sua história. Ela contava vários fatos de forma fragmentada e constantemente voltava para suas "crises".

Vera se referia a sua primeira internação e a alguns fatos que a antecederam. Quando lhe pedi para esclarecer o que havia se passado logo antes da primeira internação, ela falou que contou para seu marido sobre sua vontade de traí-lo e lhe bateu logo que chegaram em casa. Disse que também estava apaixonada por outro homem, e, em seguida, que o marido tinha aceitado essa situação.

Foi depois de tê-lo confessado que começou a ficar deprimida, e, segundo suas próprias palavras, "Eu senti o chão se abrindo sob mim... nós estávamos em um clube... eu senti a grama como se houvesse um buraco ao redor". Perguntamos a ela o que a grama tinha a ver com aquilo, e ela respondeu: "Nós fomos lá muitas vezes e tivemos muitos anos felizes".

No final da apresentação, mostrei que o discurso de Vera sinalizou uma psicose, com apoio na maneira com que ela articulava os fatos de sua história e de sua posição de sujeito quando interrogamos sobre os pontos que a faziam sofrer. Pudemos ver um fragmento delirante quando ela falou sobre o gramado. Ela experimentou uma queda no abismo retomando uma experiência feliz vivida com o marido.

Outro ponto importante chamou nossa atenção: ela passou ao ato no momento em que agrediu seu marido quando imaginou o trair. A equipe chegou a esse diagnóstico e o caso pôde ser apreendido no âmbito de outro referencial. Ou seja, em vez de abordá-lo a partir dos transtornos da conduta e dos fenômenos, é a fala da paciente que serviu de guia, o que resultou em uma revisão das estratégias de tratamento.

Inicialmente, a supervisão e a apresentação da paciente objetivavam discutir o caso e reavaliar nossas opções em relação à direção do tratamento, mas outros efeitos surgiram, entre os quais a mobilização de alguns membros da equipe, que os levou a reavaliar sua prática e organização institucional.

No momento da apresentação, Vera se encontrava na unidade de hospitalização em tempo integral, e a equipe dessa unidade havia sido convidada a participar da apresentação e discussão do paciente. A proposta diagnóstica e terapêutica foi recusada, tendo em vista que apenas uma enfermeira havia participado da apresentação de pacientes e não conseguiu convencer os outros membros da equipe. Essa equipe de internação tomava Vera como um caso de histeria, de modo que a apresentação da paciente que levara ao diagnóstico de psicose foi criticada. De fato, a equipe de hospitalização em tempo integral seguiu um modelo psiquiátrico e não deu espaço a outros discursos.

Essa apresentação, bem como a turbulência que causou, fez com que a equipe do hospital-dia refletisse sobre as questões ligadas ao estabelecimento da "rede de atendimento" no hospital.

Os problemas institucionais tornaram-se evidentes: a rede existia, mas apenas como uma ponte de uma unidade a outra. Por exemplo, quando uma unidade precisava contar com a outra, nenhum projeto de integração de metas de trabalho havia sido definido, ou, quando um paciente passava de uma unidade a outra, a direção do tratamento poderia seguir uma direção oposta. Até mesmo as famílias reclamaram ao SAC (Serviço de Atendimento do Consumidor), dizendo que cada equipe propunha algo totalmente diferente como tratamento e que inclusive medicamentos prescritos não mantinham sua uniformidade. Com Vera, o médico de uma unidade pôde prescrever um estabilizador de humor e remover o antipsicótico, enquanto o médico de outra unidade fez o contrário. A equipe de internação havia pensado em sujeitar Vera à eletroconvulsoterapia (ECT), enquanto a equipe do hospital-dia se opunha a esse procedimento.

A supervisão e a apresentação de pacientes desencadearam a reestruturação do projeto institucional como um todo. Cuidadores da equipe de hospitalização em tempo integral foram dispensados e uma parte da equipe do hospital-dia assumiu tal função, reestruturando a unidade.

Essa reflexão foi possível porque havia uma ligação transferencial com a psicanálise por parte da direção. O chefe do departamento, que era psiquiatra, envolveu-se na supervisão e passou a frequentar as apresentações de pacientes com a equipe do hospital-dia.

Às vezes, a equipe do hospital-dia se posicionava como representante de um ideal psicanalítico, como "somos uma instituição psicanalítica", uma posição eminentemente sintomática. Durante as supervisões, a contingência do discurso analítico fez com que a equipe se comprometesse de tal modo que a prática fosse "recolocada em questão, e o desejo de uma atuação – aquele de construir uma rede de atendimento que não negará a existência do inconsciente –, baseada na ética e voltada para a singularidade do sujeito"[19], nasceu.

Vários fatores entram em jogo para que o discurso analítico possa operar e produzir efeitos dentro da instituição. Quanto ao Hospital Vera Cruz, é importante salientar que a transferência de trabalho entre membros da equipe, gestão e supervisor foi essencial. Assim, operou-se algo do discurso analítico, e a consequência foi despertar um desejo de analisar. A supervisão e a apresentação de Vera produziram efeitos sobre a clínica, sobre a equipe e sobre a estrutura institucional e organizacional.

A estrutura psicótica pode ser encontrada nas entrelinhas do discurso de Vera, que, de acordo com a equipe e com as palavras de Carlo Viganó, "Nós (a equipe) estávamos afetados pelas ações de Vera e girávamos em torno de seus sintomas. Em outras palavras, procurávamos a significação dos fenômenos apresentados por Vera em uma direção oposta à psicanálise"[20].

> Renunciar às diferentes classificações como uma questão preliminar é em parte a última consequência frente à impossibilidade de retificar o Outro do psicótico em sua relação com o real, pelo que o Outro (aqui encarnado pelo outro da transferência) não pode limitar-se aos arranjos legais do sujeito à procura de suas próprias satisfações (recalque ou forclusão).[21]

O diagnóstico de psicose permitiu que a equipe trabalhasse em uma posição diferente daquela a qual se orientava no tratamento do caso e a fez concluir que o trabalho organizacional, na rede de atendimento, é, em si, inútil, bem como seria necessário levar em conta a inclusão do real no seu modo de funcionamento. "O problema da rede é que ela tende a ser uma máquina, um automatismo. Nosso dever, ao contrário, é criar oportunidades para a surpresa, utilizar a rede como se utilizaria a rua [...]"[22].

Alguns anos mais tarde, uma nova equipe substituiu a do hospital-dia; dessa vez mais integrada, com uma proposta que teve aprovação e mantendo em mente que apenas uma prática não pode se sustentar a partir de dispositivos ideais. Vemos, nesse fato, que as redes de saber funcionam porque há a transmissão de uma práxis.

Em geral, quando a supervisão está sendo estabelecida, a gestão e o funcionamento administrativo vêm a ser questionados e, portanto, modificados, pois a clínica sempre intervém como referência. Redes de saber podem ser estabelecidas, o que não se dá sem consequências para as relações em nível de tratamento e de trabalho. De fato, essas redes afetam a verticalidade do poder e da responsabilidade imposta pela operação formal das instituições públicas e privadas de saúde.

O funcionamento dessa rede de saber abre a possibilidade de questionar a função de cada um dentro desse projeto, avaliando e destacando cada membro da equipe. Cabe a cada profissional da instituição a responsabilidade de reconhecer seu próprio papel, para demonstrar a importância e a eficiência daquilo que se oferece como parte do tratamento, se assim o desejar.

Cada um é responsável por aquilo que faz, mas cada um o faz dentro de um grupo com um propósito comum e que se encaixa em um projeto maior, com uma direção bem definida.

É por meio da responsabilidade proposta pela psicanálise que essa prática em rede proporciona um lugar mais importante para a prática psicanalítica em instituições de saúde mental. É importante enfatizar que a responsabilidade a que nos referimos não é a responsabilidade moral; trata-se de ética, da ética do desejo. A responsabilidade de que se trata aqui é a responsabilidade de cada um pelo seu próprio gozo.

Em momentos privilegiados, é necessário que surja o sujeito de cada ação, deixando em aberto o que cada um deseja nesse trabalho. Não se trata de interpretar de maneira selvagem, mas de possibilitar o encontro com o *isso* que habita cada um de nós.

A partir da criação dessas redes de conhecimento, a formação permanente das equipes torna-se uma preocupação. É uma questão de prestar atenção especial aos profissionais da instituição.

Sem standard, mas não sem princípios

"Sem standard, mas não sem princípios[23]. Sem standard..." vem em oposição a protocolos, estatísticas e padronizações ao que tende ao menor denominador comum; nesse caso, o estabelecimento do diagnóstico a partir do DSM perante a padronização dos tratamentos. A passagem das estruturas hospitalares para as unidades de atendimento foi o sinal de um questionamento sobre a instituição, sobre a possibilidade de uma apreensão do sujeito, antes mascarada pelo doente. Hoje, essas unidades são apreendidas de acordo com seu desempenho econômico. "...mas não sem princípios" insiste na responsabilidade do supervisor, uma responsabilidade que lhes fornece sua orientação, sua formação. A psicanálise não é uma simples técnica de escuta. Lacan passou de S (A), do Outro consistente, para o S (Å), a um Outro inconsistente, inexistente, e seu ensinamento nos convida a desviar do sentido para privilegiar o signo, que faz signo com um real, um gozo.

A nova atenção dada ao sujeito nas unidades de atendimento é aquela dada a suas perguntas, sempre singulares, e é aqui que as equipes de atendimento podem encontrar dificuldades. O supervisor, ao aportar a ideia de uma clínica caso a caso, despertou um desejo de supervisão individual para os profissionais – o que já tínhamos visto no CAPS-Perdizes.

Com o caso Vera, destacamos como uma supervisão clínica pode também resultar em uma reorganização institucional. Ao levar a sério os impasses encontrados pelas equipes de atendimento, a supervisão pôde questionar o diagnóstico, levando os profissionais à apreensão de que o diagnóstico de histeria poderia ser responsável pelo que chamaríamos de desorientação, tanto da paciente quanto das equipes. As consequências foram tanto clínicas quanto institucionais. As equipes apreenderam a supervisão como uma prática propícia à animação de um desejo e emergiram, do aspecto funcional da rede das unidades de atendimento, para se orientar em direção à rede como prática de transmissão do saber clínico. Esse deslocamento, que transfere a responsabilidade por seu ato a cada membro da equipe, um por um, é baseado na transferência.

É essa transferência que Lacan diz ter a mesma importância que a da experiência analítica.

A responsabilidade do psicanalista, que aceita ocupar essa função de supervisor, quando é orientado pelo ensinamento de Lacan, é assegurar que o real não seja excluído; esse real que é o outro nome do mal-estar na civilização a que Freud se referiu.

CAPÍTULO IV

FORMAÇÃO E RESPONSABILIDADE DO PSICANALISTA

Cabe-nos ainda destacar como a prática da supervisão é crucial na formação do analista. A supervisão do ato permite ao analista verificar a validade de seu próprio ato a partir dos elementos relatados pelo analisante, sempre no *après-coup* ou *a posteriori*. Essa prática, portanto, tem a particularidade de manter viva a psicanálise, na medida em que seus princípios devem ser assegurados. A supervisão é também uma das modalidades de transmissão da clínica naquilo que comporta o mais singular, ou seja, o caso clínico e a lógica que está em jogo.

Salientamos a diferença entre a supervisão baseada na relação entre o supervisor e o supervisionando e aquela praticada nas instituições. Em relação à última, o supervisor está mais na posição de alguém que abre o caminho para a construção do caso, trabalhando para fazer circular a palavra entre os profissionais com o objetivo de fazer avançar o trabalho institucional.

Nosso ponto de partida é o desejo de responder a algumas perguntas que surgiram durante a prática de supervisor e o trabalho de pesquisa. Primeiramente, buscaremos extrair as consequências das questões relativas à supervisão em uma instituição a partir da orientação lacaniana, que impulsionaram a realização da pesquisa sobre a psicanálise aplicada à prática terapêutica.

Em um segundo momento, nos voltaremos para os dados coletados a partir de psicanalistas da AMP, que, de bom grado, contribuíram para esta pesquisa respondendo a um questionário sobre a prática da supervisão. Esse questionário interroga sobre os efeitos da supervisão em ambos os lados: o do supervisor e o do supervisionando.

Perguntas sobre a prática da supervisão

A prática da supervisão, qualquer que seja sua modalidade – individual, coletiva, institucional –, provoca efeitos não sem consequências sobre a própria psicanálise. Algumas questões valem a pena serem postas, e expomos algumas delas:

1. Corremos o risco de "pasteurizar" a psicanálise quando supervisionamos em instituições, individualmente ou coletivamente?
2. Podemos considerar que essa prática seja coerente com o desejo de Freud e com o de Lacan?
3. Pode a supervisão obstruir um pedido de análise, ou, ao contrário, o encorajar?
4. A supervisão na instituição pode fazer emergir o desejo de seguir uma formação em psicanálise?
5. O que motiva a demanda de supervisão?
6. O praticante escolhe o supervisor baseando-se nas referências da psicanálise lacaniana? Se for o caso, por quê?
7. Como a supervisão altera o trabalho cotidiano?
8. Qual é a relação entre a supervisão e a análise pessoal?
9. Em que medida a psicanálise de orientação lacaniana propõe a inclusão de pacientes no laço social?

Para responder a essas perguntas, apoiamo-nos sobre os elementos da prática da supervisão e seus resultados, que representam vários anos de trabalho, e dos pontos em aberto dentro da Associação Mundial de Psicanálise.

Podemos discretamente mensurar o que a psicanálise traz para a saúde mental e/ou para a psiquiatria por meio dos efeitos que produz sobre os pacientes, bem como sobre os praticantes. A intervenção da psicanálise nunca é sem consequências: ou se torna uma referência ou é objeto de duras críticas. Podemos postular que é necessário considerar a subjetividade de cada praticante na supervisão, razão pela qual a psicanálise não se "pasteuriza". A supervisão corresponde ao que é psicanálise, em conformidade com o pensamento de Freud e de Lacan. Não é uma panaceia, embora se pretenda intervir no sofrimento humano, lá onde as ciências médicas não conseguiram compreender a subjetividade de cada paciente. Quando a supervisão toma seu lugar nas equipes de atendimento, torna-se um vetor de entrada da psicanálise na civilização.

Certamente a supervisão em instituições pode recobrir uma demanda de análise quando, por exemplo, o praticante se identifica com seu paciente e apresenta o caso para tentar resolver suas próprias questões. Se isso ocorre, ele não pode prosseguir em sua prática sem recorrer à análise pessoal. Independentemente da orientação do praticante, a partir do momento em que ele se torna responsável, no sentido da ética da psicanálise, pelo tratamento de seu paciente, já está alinhado à orientação lacaniana, sem necessariamente o saber, e precisará se questionar sobre sua própria posição subjetiva no mundo enquanto sujeito de sua enunciação. Possivelmente pode emergir para o praticante – quando expõe suas dificuldades com um caso clínico – uma certa curiosidade sobre o fato de que seu supervisor capta algo do evento clínico sobre um paciente, mas que toca a si mesmo, o praticante. É aqui que a supervisão pode levar a uma formação psicanalítica.

Várias razões podem levar alguém a procurar por uma supervisão, razão pela qual o supervisor, assim como o analista, deve ser "multiuso":

> As indicações de Lacan em "Televisão" apontam para o fato de que esse status objetal do analista no tratamento, talvez devam orientar seu lugar na cultura. É o que, a meu ver, define Miller, quando propõe que se pense o analista na cidade como multiuso. Quando Miller fala de analista multiuso, tal como Lacan, não está visando os analistas, mas o analista, uma função que os analistas são chamados a desempenhar que às vezes conseguem outras não. O analista é da contingência, os analistas não. Portanto, o analista e a psicanálise lidam com objetos

ilimitados e são em si, para a cultura, igualmente objetos ilimitados. O analista é multiuso justamente por sua lida específica com um objeto que é tudo e nada ao mesmo tempo.[1]

Esse aspecto "multiuso" do analista é encontrado em uma apresentação de Jacques-Alain Miller, publicada sob o título "As contraindicações ao tratamento psicanalítico"[2]:

> Este objeto-psicanalista, é, doravante, disponível – disponível no cercado como se diz – e se presta a usos muito distintos daquele que fora concebido sob o termo de "psicanálise pura".
> A "psicanálise pura" não é, assim, mais do que um dos usos aos quais o psicanalista se presta. [...] É que o objeto-psicanalista é espantosamente versátil, disponível, multifuncional se posso dizer.

À ocasião da Convenção de Antibes, Jacques-Alain Miller colocou a necessidade de os analistas serem mais flexíveis perante a psicose.

> Nós, nós tentamos estabelecer as condições da conversação com o psicótico e nos oferecemos para que ele se sirva de nós. Existe uma situação analítica normatizada em direção à qual tentamos conduzir o sujeito neurótico. Ao mesmo tempo, nos oferecemos no mercado como uma espécie de instrumento e, às vezes, as pessoas se servem de nós de um modo que não está normatizado, nem previsto pelos *modos de uso*. Frequentemente, coloca-se a questão se isso deve ser acolhido. Mas, ao mesmo tempo, há sempre o outro lado a se considerar: devemos impor rigorosamente nosso ideal de tratamento a um sujeito que se serve de nós ao seu modo e que encontra aí a sua satisfação? Existem usos mais elevados, gostaríamos que o paciente se servisse de nós da melhor maneira e, com efeito, não devemos nos resignar, mas considerar igualmente o outro lado. "Freud dócil para com a histérica", dizia Lacan, e Guéguen, assim como Fabienne Henry, nos convidam a estender nossa docilidade ao psicótico. Sejamos, de fato, objetos bastante flexíveis e tolerantes, bastante masoquistas, se me permitem

dizer, para que se façam usos de nós, usos que não sejam normatizados, nem inteiramente previsíveis.[3]

O supervisor deve estar preparado para atender uma emergência, um impasse subjetivo do praticante, uma demanda de orientação sobre a continuação do caso, ou então, ainda, pode expor a necessidade de interromper um tratamento. De fato, o que envolve uma demanda por supervisão vem da ordem de algo que não pode ser resolvido por si. Essa condição será essencial no processo de supervisão.

Escolher um supervisor lacaniano faz toda a diferença. Na verdade, isso reflete um desejo de saber assaz particular, se tivermos em mente que o analista lacaniano, no Brasil, é tomado como aquele que pode trabalhar com mais facilidade nas instituições, pois não está enquadrado em uma configuração, como por um número determinado de sessões ou pelo estabelecimento de sua duração. Note também que ele deixa de lado o amor de si mesmo. Ou seja, mesmo que seja tocado pelo caso, ele não atua na contratransferência; tenta conduzir a análise apesar daquilo que perpassa sua subjetividade. Em uma prática orientada pelo ensino de Lacan, o analista não responde a partir do seu ser. Se isso acontece, o que é uma experiência que todo praticante experimenta, gera angústia.

Esse ponto de angústia do praticante, despertado pelo caso, faz parte dos aspectos importantes a serem identificados durante a supervisão; mesmo que o caso apresente dificuldades, não se deve se colocar como sujeito na situação. O praticante será, mais ou menos, e de acordo com suas possibilidades, um apoio para que o paciente se sirva da transferência para conduzir seu tratamento. Assim, está livre em sua tática, uma tática a partir da qual um sujeito pode surgir de onde havia um "doente". Em redes de saúde mental, quando o praticante se apresenta como desprovido de potência por falta de recursos, falta de conhecimento, falta de habilidades, etc., há a possibilidade de sua oferta como um conector ao Outro, que não existe.

Mesmo que o praticante permaneça atento às propostas do supervisor, só haverá efeitos se ele se tomar também como um sujeito delirante. "Todos somos loucos, quer dizer, delirantes"[4] é o que Lacan aponta em seu último ensino, e então a ideia que temos do paciente não é, na verdade, nada além de um delírio, assim como os diagnósticos que partilhamos.

Para apreender algo do sujeito que vem nos consultar, é necessário que nós nos afastemos de nosso próprio delírio, pois não sabemos nada desse sujeito. De nossa loucura, no entanto, podemos saber ter algo a ver com isto: é uma lição que aquele que supervisiona sua clínica tira de sua análise.

É a partir do que vem a ser chamado de supervisão que a psicanálise de orientação lacaniana intervém no campo da saúde mental, na sua vertente psicossocial. Para a orientação lacaniana, trata-se mais da posição do praticante – perante as exigências da padronização dos sujeitos que vêm se consultar – do que da técnica a ser aplicada. O praticante sustenta a invenção de cada sujeito a partir do desejo do analista, que pode permitir uma amarração ou reamarração no laço social. De fato, quando os sujeitos são reduzidos a grupos, aos quais aplicamos protocolos, os sofrimentos psíquicos passam para um segundo plano, e não é disso que se trata quando falamos de tratamento psicanalítico.

A psicanálise não visa à supressão do sintoma, mas tende, por assim dizer, a uma reconciliação do sujeito com seu sintoma; em vez de um tratamento do sintoma, objetiva um tratamento *para* o sintoma. Essa é uma modalidade que claramente diverge dos padrões desejados pela política de saúde mental, na medida em que a psicanálise se endereça a cada sujeito, caso a caso. Vemos que a oposição entre esses dois campos – saúde mental e psicanálise – baseia-se na diferença radical na direção do tratamento; uma direção que não pode ser formulada no que diz respeito à ética da psicanálise.

A prática institucional não é o lugar da psicanálise pura, mas aquele da psicanálise aplicada à terapêutica que permanece, como já mencionamos, mesmo assim, no registro da psicanálise.

Lacan aponta, em "A direção do tratamento..."[5], que a política está do lado da falta-a-ser e atingiu o coração do ser; que a tática é da ordem da interpretação ou do ato analítico e que a estratégia se baseia na transferência. De acordo com Éric Laurent[6], a psicanálise impõe à saúde mental o poder da presença do Outro e, portanto, o amor que se engendra, mas também o poder de interpretação, que, segundo Veridiana Marucio[7], muda tudo.

Um dos desafios da psicanálise é orientar a clínica praticada nos centros que substituíram os hospícios – antes orientados por ideais bem definidos –, implantados no contexto da reforma psiquiátrica e da reinserção psicossocial no Brasil. Quando a saúde mental faz um apelo à psicanálise, como responder?

Por que continuamos a supervisionar?

De tempos em tempos podem surgir questões sobre o diagnóstico de um paciente ou ao final de uma análise, mas vamos indo bem. Então, por que vamos com frequência aos nossos supervisores?[8]

Aquilo para o qual esta investigação apontava ainda estava incerto, enquanto nos concentrávamos na nossa experiência em supervisão no contexto da saúde mental, nas consequências da supervisão sobre a formação de jovens profissionais e na influência da psicanálise na política e clínica de saúde mental. Uma pequena luz foi lançada sobre a pesquisa apenas a partir de questões simples, porém cruciais para esclarecer a função da supervisão: O que é a supervisão? Por que, desde Freud, a supervisão é um dos três pilares da formação psicanalítica?

Em elaboração que decorreu dessas questões, foi possível concluir que Freud não poderia jamais ter inventado a psicanálise se não tivesse sido controlado por Fliess[9]. Uma questão provocadora de Marie-Hélène Brousse permitiu reorientar o rumo de nossa reflexão: "Por que continuamos a nos supervisionar?". Sobreveio então a questão: "Por que estou fazendo um doutorado?", que recebeu uma pronta resposta lacaniana: "porque é necessário supervisionar o que diz a psicanálise".

Nessa perspectiva, elaboramos um questionário composto por quatro perguntas, que foi enviado a alguns membros da Associação Mundial de Psicanálise. Não se pretendia tratar os dados recolhidos estatisticamente; o objetivo era questionar uma prática: a da supervisão.

O questionário foi enviado aleatoriamente a cinquenta Analistas Membro de Escola (AME). A essa lista, foram adicionados os Analistas de Escola (AE) em exercício e os membros do Conselho da EBP, que, na ocasião, tinham tomado o tema da supervisão como ponto de interesse para discussão na Escola.

Recebemos trinta e seis respostas, dentre as quais trinta e duas apresentaram material para análise da supervisão e quatro devolveram o questionário, declarando desacordo em relação ao uso desse recurso para levantamentos de dados sobre o objeto em questão. Observa-se que, entre os trinta e dois questionários respondidos, um dos analistas também registrou sua desaprovação quanto ao método. Excelentes elementos puderam ser extraídos das respostas, e é importante observar que as posições explicitadas fazem parte de uma prática que está em consonância com o que Lacan professou em relação à supervisão, no sentido mais amplo do termo. Abaixo, apresentamos cada uma das quatro questões, seguidas de comentários e fragmentos das respostas. Os entrevistados estão indicados por número, na ordem em que as respostas foram recebidas.

1) Você supervisiona sua prática clínica? Por que razões? Quantas vezes?

A essa primeira questão, as respostas obtidas não nos surpreenderam. Aqueles que já não supervisionam a sua prática o fizeram por muito tempo e possuem um longo percurso clínico. No entanto, afirmam que ainda fazem apelo à supervisão quando se apresenta uma dificuldade em relação ao diagnóstico, à conduta do caso e, particularmente, quando se trata do final de uma análise.

É surpreendente constatar que analistas com larga experiência clínica continuam indo à supervisão semanalmente. Por que o fazem? Diversas respostas podem ser indicadas aqui: primeiramente, trata-se de supervisionar o ato analítico e verificar se sua prática está conforme à orientação lacaniana. Além disso, o objetivo é ter um retorno daquele com quem mantém uma transferência de trabalho sobre sua prática. Enfim, a supervisão da psicanálise permanece muito além das posições adquiridas dentro da instituição.

O entrevistado nº 2 disse ter supervisionado sua clínica no início de sua prática, e por dezessete anos, para se autorizar como analista: "Inicialmente, fui supervisionando a fim de autorizar minha prática: eu a fazia de forma ilegítima". Ele interrompeu a supervisão quando seu supervisor se tornou seu analista. Procurou por outro supervisor, mas hoje se trata de controlar outra coisa.

O entrevistado nº 3 disse haver deixado sua supervisão sistemática no momento em que terminou sua análise: "Eu a fazia pelas razões da formação, mas também porque eu estava em segurança no momento de apresentar os casos, fossem nas Jornadas, fossem nos Encontros Internacionais". O final da análise torna o analista mais seguro de si; no entanto, podemos indicar que ele não torna a prática de supervisão menos necessária.

O entrevistado nº 8 diferencia dois tipos de supervisão: antes e depois de ter sido nomeado AE, pelo dispositivo do Passe. Antes do Passe, a supervisão "era essencialmente uma supervisão clínica (problemas de diagnóstico, condução a tomar, etc.)". Depois do Passe:

> [...] após uma interrupção da supervisão, uma segunda (com outro supervisor), que se sucedeu ao Passe e ao meu exercício de AE (1999-2002) e que muda totalmente de objetivo: é um controle de análise. Trata-se de verificar até onde posso conduzir um tratamento. Também, por quatro anos, falo do mesmo caso.

Esse analista marca bem uma distinção entre os dois tipos de supervisão e acrescenta que essa oposição entre prática analítica e prática de supervisão foi introduzida por Jacques-Alain Miller em uma de suas aulas.

O entrevistado nº 18 enfatiza o fato de que se lança à relação transferencial em direção ao analista e que há "necessidade de manter um vínculo transferencial com minha Escola e com meu supervisor". Leva também em conta a questão da contratransferência: "Trata-se de, em uma supervisão, essencialmente esclarecer minha posição no laço transferencial com meus analisantes. E, por que não, mencionar aqui a contratransferência".

A supervisão como parte da interminável formação do analista é sublinhada pelo entrevistado nº 23, quando afirma que é "[...] interminável por ter no seu cerne um real que insiste e que pode traduzir-se na indagação permanente: o que é um analista?"

Essa contribuição é de extrema importância para uma discussão sobre a clínica no momento atual. Com efeito, o entrevistado nº 23 afirma que a supervisão, "pelos impasses e particularidades que nos coloca a clínica do século XXI com seu empuxo ao gozo nos convocando a inventar, a tomar outras direções além das classicamente conhecidas".

O entrevistado nº 7 nos destaca outro ponto importante quando diz se preocupar com o bem-estar do paciente, arriscando, assim, enveredar-se no campo da psicoterapia, longe da psicanálise como tal. Teme "um curto circuito dos momentos mais difíceis, como transferência negativa, *acting-outs* e os estados depressivos muitas vezes inerentes ao sintoma e ao gozo".

A supervisão vem também como complemento fundamental à análise do analista, como declara o entrevistado nº 10. Ele escreve que, no início de sua prática, seu supervisor deu-lhe um conjunto de indicações relativas ao tratamento. Ao longo do tempo, novas questões surgiram, mais em relação a sua posição no tratamento do que a questões práticas: "[...]há alguns meses, uma supervisão me colocou mais uma vez em contato com um aspecto de minha fantasia que *entravava* minha escuta. Fiquei muito impressionado com a rapidez com que meu supervisor me sinalizou o 'ponto cego' que interferia no tratamento".

Para o entrevistado nº 26, a supervisão também é fundamental e não imagina sua clínica sem a perspectiva dessa prática.

O entrevistado nº 27 supervisionou sua prática durante seus trinta anos de formação, por razões diferentes:

Inicialmente fiz supervisão para "aprender" como se pratica a psicanálise [...] Depois de algum tempo de análise passei a tomar como objetivo formalizar os casos clínicos, buscando ter uma clareza sobre a posição do sujeito na transferência, diagnóstico diferencial entre neurose e psicose, mapeamento da estrutura subjetiva, localização dos pontos de abertura subjetiva na estrutura para o ato analítico, etc.

Novamente podemos notar que o final de análise modifica a supervisão e que o analista pode se tornar o supervisor:

Mais perto do final de análise passei a fazer supervisão com minha própria analista fundamentalmente para buscar localizar algum ponto do discurso dos pacientes que tocavam em algum ponto subjetivo da minha própria neurose, que se mantinha inconsciente para mim mesma. Depois do fim de análise faço supervisão, mais eventualmente, quando o caso clínico tem algum ponto enigmático para mim, especialmente na formalização da direção do tratamento.

A supervisão à qual o analista entrevistado nº 11 se submeteu, no início de sua prática, duas vezes por semana, era, para ele, "um espaço privilegiado por pôr à prova a função do desejo do analista e verificar, na medida do possível, como se desenrola a experiência analítica sob a perspectiva do analista". Originalmente, o supervisor orientava o labirinto em que se encontrava o caso, passava indicações e hipóteses a serem verificadas. Para o entrevistado nº 10, vieram outras questões, tais como "compreender um caso teoricamente, os fenômenos que se produzem, a dinâmica das sessões, colocar mais ênfase na formalização do que nas questões práticas".

As palavras do entrevistado nº 12 atraíram nossa atenção quando ele fala sobre a separação entre a supervisão do caso de análise pura e a supervisão de casos cujos finais são observados sob ângulo terapêutico, como crianças, sujeitos psicóticos, etc. Identificamos também uma importante passagem, na qual ele diz o seguinte: "[...] não se trata de aprender uma técnica, mas de bem-dizer a prática, e que é um espaço que abre esse real da formação".

O entrevistado nº 22 expõe o que poderia levá-lo à supervisão:

[...] uma vez posto em marcha o desdobramento do inconsciente, o analista e o analisante não saem mais do registro do sentido. Eu sabia perfeitamente que não abordava o sentido pulsional, salvo por maneiras indiretas. Então, era quase impossível localizar o momento oportuno para o intervalo [...] minha interpretação era 'não sei o suficiente'".

Finalmente, conclui sobre a articulação do desejo do analista a um tratamento específico:

> Em certas ocasiões, pude constatar que o fato de me escolher como analista estava ligado ao traço de gozo da minha neurose. E que tal analisante apreendeu e manifestou logo na primeira entrevista.

Aqui, trata-se do efeito da supervisão na análise do analista.

O entrevistado nº 32 marca bem a passagem da posição do psiquiatra para a de um psicanalista.

> Faço supervisão desde o início de minha prática de consultório, mesmo antes de eu poder dizê-la "de psicanálise" por estar muito impregnada do exercício da psiquiatria [...] é bom que seja feita ao menos por um período consistente e com relação a alguns casos e não apenas um só para afastá-la de uma prática "à la demande", das urgências do caso ou do praticante. [...] No meu caso, nunca tive necessidade de mudar de supervisão por considerar que o encontro com o estilo de meu supervisor continua pautando solidamente meu fazer, apenas tornei-a mais espaçada.

A questão da ética é destacada pelo entrevistado nº 19: "Há, de fato, uma brecha a se dar valor e manter aberta entre a exigência ética de uma leitura de caso feita pelo analista e a questão crucial de se fazer uma pequena ideia de onde o analisante em si recebe aquilo que fala em análise". Nessa consideração, destaca-se a possibilidade de articular análise pessoal e supervisão.

O analista abomina o seu ato, e é por essa razão fundamental que o entrevistado nº 21 procura pela supervisão: "quando hesito em relação à capacidade de sustentar o ato analítico, tentando não me esquecer de que o inconsciente se verifica a partir dele".

Além de seus outros objetivos, o entrevistado nº 21 faz da supervisão do ato do analista um ponto crucial. "Não ceder a seu desejo" é a responsabilidade que o analista pode, às vezes, encontrar em momentos de impasse. No seminário sobre a ética da psicanálise[10], Lacan aponta que o desejo do analista deve conduzir o sujeito ao campo central do desejo. Hoje, podemos verificar que aquilo que pode fazer o analista hesitar antes do ato pode ser o indício de uma prudência perante o paciente, justificada pelo fato de que o ato seria prejudicial ao paciente; o que o difere da contraindicação de uma análise.

O entrevistado nº 31 retomou sua análise em decorrência de uma situação de emergência. Sua prática foi modificada quando pôde isolar uma questão sobre a supervisão. Ele traz um elemento importante, que é a articulação da supervisão e da análise pessoal ao estudo teórico e a sua transmissão.

O entrevistado nº 28 define muito claramente essa relação entre análise, supervisão, teoria e transmissão:

> O ensino da psicanálise, seja prático ou teórico, implica na atividade de supervisão [...] A psicanálise não é puro *logos*, tampouco mera *práxis*. Entretanto, *savoir y faire*. Pensar a supervisão é debruçar-se sobre a clínica do ensino, na qual ela é uma forma privilegiada de transmissão da psicanálise. Trata-se de flagrar as falhas e deficiências desse *savoir y faire* na clínica, pois não há ato analítico inócuo ou indiferente ao analisante. O supervisor servirá de guia formador para o supervisando na busca do encontro consigo mesmo em sua autonomia como analista. Na relação entre supervisor e supervisando existe a transferência de trabalho que visa assegurar a direção da cura, buscar excelência técnica, e afirmar uma aliança em prol da psicanálise pura.

A resposta do entrevistado nº 13 é surpreendente. De fato, sua posição é muito diferente daquelas que identificamos nas respostas. Para ele, a supervisão termina, assim como uma análise. Há mais de dez anos que não se reúne com um supervisor a quem pagaria, entretanto, coloca em questão a possibilidade de discutir casos ou situações clínicas específicas com colegas psicanalistas.

Não encontramos referências a Freud, Lacan ou outros autores sobre um possível fim da supervisão, mas essa posição nos mostra que ainda existem muitas questões a serem resolvidas sobre a posição dos analistas quanto à supervisão.

2. "Que tipo de caso ou situação você escolhe para abordar na supervisão?"

A essa segunda pergunta, percebemos respostas articuladas à primeira questão que destacam a diferença, no mínimo, entre o que se supervisiona e a razão que leva à supervisão. Alguns entrevistados destacam a diferença entre o que leva a um pedido de supervisão pontual e o que leva a uma supervisão da experiência como psicanalista.

Alguns escolhem supervisionar eles mesmos um único caso ou são encorajados pelo supervisor. Porém, pode acontecer que algum impasse na clínica, relativo a outros pacientes, surja no trabalho de supervisão. Nesse caso, parece haver uma motivação que vai além das dificuldades encontradas na condução de um tratamento, que é a busca por uma orientação, principalmente a orientação lacaniana. A busca pela supervisão como a supervisão da prática é elucidada pela transferência de trabalho baseada na própria lógica da psicanálise.

É digno de nota que, para muitos dos analistas entrevistados, que fazem uso sistemático da supervisão, a escolha do caso ou da situação pouco importa. De fato, trata-se mais de um compromisso com uma formação infinita, no qual o desejo do analista é sempre questionado. As respostas atestam a necessidade de colocar o desejo do analista em primeiro plano. É isso que emerge quando questionamos a posição daquele que se autoriza a ocupar o lugar do analista.

O entrevistado n° 2 especifica que, no início, seu supervisor o convidou a trazer, a cada vez, o mesmo caso e fazer comentários espontâneos sobre seu método. Então perguntou-lhe sobre o que o interessava nesse caso e, finalmente, questionou-o sobre si mesmo. Vejamos o que ele diz: "[...] fui muito analisado na supervisão e também supervisionei um pouco na análise!"

O entrevistado nº 7 enfatiza duas situações importantes: a primeira se refere a um tempo em que o paciente se aproxima de seu próprio núcleo sintomático, mais opaco e, portanto, pleno de sentido, ao passo que a segunda situação descreve o momento em que o final de análise surge em pacientes que não desejam se tornar analistas.

Como a maioria das respostas, a do entrevistado nº 12 enfatiza a supervisão de caso de pacientes que se movem em direção à psicanálise de orientação lacaniana.

Além de casos que não avançam, situações de urgência são colocadas em supervisão devido a impasses clínicos. Por exemplo, quando há um risco de *acting-out*, nos casos de patologias do ato, de sintomas contemporâneos que convocam novas estratégias e novas táticas, casos atípicos, dificuldades de transferência ou com sujeitos que manifestem uma perplexidade.

O entrevistado nº 31 salienta a importância de se interessar por um detalhe do caso: "me ocorre repetir sobre um mesmo caso diversas vezes, para acompanhar a evolução desse detalhe".

Não há caso típico ou situação específica que exija uma supervisão. O entrevistado nº 27 aponta que se trata mais de escolher "um caso clínico onde o desejo do analista não encontrou a posição mais precisa".

O entrevistado nº 28 vai além das dificuldades que acabamos de mencionar. Aponta que a supervisão é usada para colocar em ação "o caso que não anda; discutir aspectos relacionados ao final de análise [...] discutir a política da psicanálise" e "trabalhos ou artigos para Congressos ou Jornadas". Esse é o lado da orientação psicanalítica. Ele o explica:

> O papel do supervisor é fazer o supervisando pensar a psicanálise para além da dificuldade de manejo da transferência e dos impasses da clínica dentro do *setting* analítico. Com efeito, trata-se de fazer pensar a psicanálise no campo da política, da sociedade, da religião, da ciência, entre outros. Descobrir como lidar com os impasses da psicanálise no mundo contemporâneo para além da clínica.

A função do supervisor vai além da prática clínica e da esfera da Escola. Ele se apresenta como aquele que dá orientações: "Trata-se de ampliar o campo de visão do supervisando e municiá-lo de recursos e logística para fazer a psicanálise avançar não apenas dentro do *setting* analítico, mas no *modus vivendis* incluído no contemporâneo".

3. Você recebe colegas em supervisão? Qual é o ponto mais importante para você extrair casos supervisionados? Ou qual é o ponto mais importante a ser extraído dos casos que você supervisiona?

A terceira questão modifica a posição do entrevistado. Se até agora ele foi interrogado como supervisionando, agora ele é convidado a dizer algo a partir de sua posição como supervisor.

Alguns supervisores enfatizam a construção do caso clínico, a transferência e suas possíveis manobras. Em geral, deixam ao supervisionando a escolha da questão a ser abordada, mas a principal preocupação continua sendo a definição do lugar ocupado por este na cura. Se se trata de um iniciante, a preocupação gira em torno do diagnóstico ou do lugar que o analista ocupa na transferência. Se, no entanto, se trata de um analista com longo percurso, a preocupação concerne mais ao ato analítico.

O entrevistado nº 1 privilegia o que emerge como um elemento contratransferencial, que o analista não apreende e que muitas vezes vai para o divã. O entrevistado nº 11 tenta "sempre transmitir que o analista deve dar atenção àquilo que sua intervenção (ato ou interpretação) não tenha sido afetada por sua subjetividade, isto é, pela contratransferência".

A partir da expressão "psicose ordinária", que muito tem contribuído na clínica da psicose, o entrevistado nº 7 traz à luz um ponto que pode ser um entrave no ato analítico. De fato, quando o praticante teme desencadear uma psicose, lá onde se apresenta como "ordinária", o ato analítico pode ser evitado.

Nas supervisões, a questão das entrevistas preliminares é apresentada pelo entrevistado nº 10, que constata que numerosos tratamentos que ele supervisiona giram em círculos. Em outras palavras, o que ele enfatiza é que essas entrevistas preliminares podem nos dar uma orientação precisa quanto ao tratamento.

A partir das últimas orientações de Jacques-Alain Miller, o entrevistado nº 3 afirma que transmite a importância "de encontrar esse 'real' que faz a trama da experiência e, especialmente, o que deve ser feito para isso, isto é, como manter a distância entre o imaginário e o real".

É bastante interessante apontar o lugar que os supervisores ocupam em relação aos supervisionandos. O entrevistado nº 12 diz que "esse lugar advém do interesse de jovens praticantes pelo nó do inconsciente com o lugar do psicanalista, pela relação que se pode ser escrita do inconsciente real e do inconsciente transferencial". Os supervisores "os deixam falar, os escutam de maneira com que utilizam o sentido, sobre o Real, a fim de sinalizar esse obstáculo". Nessa perspectiva, estamos em completo acordo com o entrevistado nº19, que enfatiza isso: "Meu exercício de supervisão tenta estar em afinidade ao singular de cada praticante que vem me procurar".

Outras orientações mais específicas merecem ser destacadas. O entrevistado nº 27 claramente enfatiza "a formalização teórica do caso clínico [...] os mecanismos de defesa privilegiados". Já o entrevistado nº31 salienta "a dimensão do sintoma, a fim de que o supervisionando libere a posição subjetiva do caso supervisionado, como ela se revela por meio do sintoma, da passagem ao ato, etc."

A essa terceira pergunta, a resposta do entrevistado nº32 aponta sua procura por localizar o impasse do praticante quanto ao desejo do analista, e que, às vezes, "Nem sempre, nessa busca da relação do praticante com seu desejo, encontro algo a dizer, mas sempre busco".

4. A supervisão faz parte de sua formação analítica? Como?

Talvez a quarta pergunta seja a mais marcante, pois trouxe a supervisão para a banda de Moebius. Se, de certa forma, a supervisão já está em posição de interno-externo no tríptico da formação analítica, seja pela conexão com a análise pessoal, seja pela inserção na formação teórica, dessa forma, uma articulação continua entre o interno e o externo; um conjunto se desdobra.

Por um lado, encontramos a articulação da prática da supervisão, da parte do supervisor, com a análise pessoal e a formação teórica, e, por outro, temos a questão sobre a função do supervisor na formação infinita do analista.

O entrevistado nº3 traça um curso possível para a prática da supervisão, que vai desde as primeiras "lições" sobre a clínica até o Passe. Disso podemos concluir que não é possível se tornar um analista sem a prática de supervisão.

A fórmula lacaniana segundo a qual "o real é sem lei" direciona o entrevistado nº 5. De fato, o analista estará sempre à frente desse real, sem, contudo, jamais estar pronto para lidar com ele. No entanto, ele será convocado a responder com sua subjetividade, seu *semblant*, diante do surgimento do real. É necessário que o analista solicite uma supervisão, mesmo que tenha terminado sua análise, para que saiba lidar com o real no tratamento. É isso o que o mantém alerta em uma situação de formação permanente.

O entrevistado nº 5 acredita que estar em posição de supervisor apresenta uma grande vantagem. No exercício da supervisão, ele encontra a originalidade das intervenções dos praticantes e aponta: "Não é raro que o gênero da experiência me dê o sentimento de ter apreendido algo mais".

O entrevistado nº 20 formula o seguinte: "Supervisionar o supervisor, esses são campos de formação que nos obrigam a pensar a posição do analista, a pensar a clínica, o diagnóstico e as intervenções". Suas observações salientam que qualquer que seja a posição na experiência de supervisão – seja como supervisionando, seja como supervisor –, essa prática faz parte da formação do analista.

O entrevistado nº 19 aponta que sua prática como supervisor se refere à singularidade com a qual acolheu seu ponto de real encontrado no final de análise. Para ele, a amarração das posições da AE e de AME, proposta por Lacan, encontra aqui uma fertilidade inédita. Citamos longamente sua articulação do real, o incurável, o sem valor e a necessária reinvenção da psicanálise:

Sem dúvida, em seu ato, o analista tenta tocar o real... ao qual responde todo o discurso. Dar chance a um analisante de encontrar o final de sua análise é, no entanto, uma espécie de fogo-cego.

O analista faz uma leitura do caso do analisante subordinado ao real sem lei, não transponível a outro caso, que o terá isolado de sua própria experiência de analisante, contrariando o socorro que o discurso oferece. Não é exatamente isso que conduz Lacan a afirmar que cada analista está reduzido a dever reinventar a psicanálise? Exigência ética, levando consigo a impossibilidade de saber se, para o analisante que empreende, por sua vez, sua experiência, um dia virão a hora e o gosto de isolar a constante de seu próprio enigma, que veste as variações de suas interpretações sucessivas. Não se trata, portanto, apenas de apreender como um analisante, neste ou naquele momento de seu tratamento, recebe, ele mesmo, aquilo que diz. É no escuro que se faz uma pequena ideia de onde ele diz do Outro, do objeto a ou de um real sem discurso, sem valor, incurável, que não obedece a nenhuma determinação.

O entrevistado n° 21 nos convida a refletir sobre "como atender o real como novo saber, produzido pela psicanálise e pela Escola", a fim de responder positivamente ao fato de que a supervisão faz parte da formação do analista. O que esse entrevistado aponta é que é nossa a capacidade de acolher esse real que é a nossa formação sem fim.

O entrevistado n° 22 faz uma comparação valiosa entre a supervisão e o exercício do passador. Como passador, estava tentando localizar o ponto onde estava o passante, a fim de constatar, por conta própria, que este ainda não havia chegado ou então que ainda estava longe do final de sua análise. Podemos pensar a lógica da supervisão da mesma forma. Às vezes não sabemos se o supervisionando já chegou ou se ainda está longe de sua orientação no tratamento.

Com a sobreposição de dois procedimentos, a supervisão e o passe, esse entrevistado n° 22 indica sobre esse dispositivo da Escola de Lacan, que permite verificar o final de análise e que pode nos orientar para uma proposta sobre a verificação da supervisão. Isso pode ser um ponto fundamental a ser levado em conta, a fim de estabelecer uma reflexão sobre a garantia da Escola.

O entrevistador nº 27 diferencia as posições entre o analista e o supervisor. Para ele, a prática do supervisor é uma formação permanente, pois exercita sua escuta. Além disso, evoca as dificuldades que perpassam os supervisores, a saber:

a. a formalização do caso clínico

ou

b. as dificuldades subjetivas do praticante da psicanálise na sustentação da posição analítica. Parto do princípio de que a função do supervisor é radicalmente distinta da função do analista, ainda que a supervisão venha a produzir muitos efeitos analíticos no supervisando. Sabemos que uma demanda de análise poderá advir de uma demanda de supervisão. Porém, quando o campo da supervisão é estabelecido privilégio fundamentalmente a formalização do caso clínico. Os pontos de embaraço subjetivo do praticante da psicanálise, quando esses pontos aparecem no discurso do supervisando, sempre reenvio para que sejam tratados nas suas análises pessoais, pois deles não me ocupo como supervisora. Tomo assim como princípio fundamental que o tratamento dos embaraços subjetivos do praticante da psicanálise tem como espaço privilegiado a sua análise pessoal. Já a supervisão se impõe como o espaço privilegiado para o tratamento dos impasses epistêmicos do supervisando na formalização teórica dos casos que atende.

A ideia de que aquele que ensina, aprende – e que é necessário ter a disciplina do saber ler em psicanálise – adiciona argumentos para a pertinência do exercício de supervisão na formação do analista. O entrevistado nº 31 resume essa ideia quando diz que "A supervisão se inscreve, para mim, na transmissão da psicanálise sobre a vertente psicanalítica da intenção. A supervisão coloca o desejo em jogo; se articula ao SSS e se inscreve em uma prática da Escola".

Para o entrevistado nº 32, a função do supervisor lhe permite construir casos com mais precisão do que quando se trata de seus próprios casos. Ele considera que talvez "o encontro entre meu saber conceitual e minha experiência com o de outro analista produzindo um composto que é sempre muito didático sobre meu estilo na clínica".

Com exceção de um entrevistado, que não mais busca um supervisor, as respostas enfatizam que a prática de controle é entendida como uma forma de manter viva a formação analítica. Não apenas como uma possibilidade de conduzir o caso clínico, mas como uma possibilidade de verificar a posição do analista frente aos impasses que possam surgir. Nas respostas que nos chegaram, vislumbramos o que já sustentamos aqui: no final das contas, não supervisionamos nada. É o analista quem conduz o caso que leva para a supervisão a partir da simples presença de outro analista.

É perfeitamente possível transmitir ao supervisionando uma prática que possa ou não levar a uma experiência analítica. Não se trata de um exercício de domínio que possamos ensinar, mas pode ser transmitido por meio de pequenos fragmentos de real, percebidos em alguns supervisionandos quando se colocam nesse lugar.

Saber supervisionar é uma arte que devemos fazer valer entre nós de maneira mais profunda, com a condição de sempre dar razão ao supervisionando. "A arte da supervisão", como diz Leonardo Gorostiza no relatório da FAPOL[11], se coloca a todos os psicanalistas que não impõem seus egos a partir de seus títulos. Dentro da AMP, não se trata de ego. Os supervisores estão à espera de algo que os toca e os afasta daquela posição confortável que estipularia o que um analista deve fazer perante um caso. Se são analistas no sentido lacaniano, não sabem *a priori* – pois não há técnica reproduzível – o que fazer com seus próprios casos e ainda menos com os casos de seus supervisionandos. Só fazem apelo ao desejo do analista – instância enigmática – para se orientar em suas práticas como analistas e supervisores.

CONCLUSÃO

O exame dos referenciais teóricos sobre a supervisão na obra de Sigmund Freud e no ensino de Jacques Lacan permitiu revelar que a prática da supervisão foi proposta como um dos pilares do tripé da formação do analista desde os primórdios da elaboração freudiana e, apesar dos desvios imputados pelas gerações subsequentes, hoje possui o mesmo estatuto inicial no âmbito das escolas de orientação lacaniana.

A supervisão foi o meio para Freud avançar em sua autoanálise, tal como constatamos a partir da leitura de sua correspondência com Fliess. A nosso ver, Fliess ocupou, naquele momento, a posição de supervisor para Freud, o que favoreceu suas elaborações e permitiu que a psicanálise fosse formalizada. Nesse caso, pode-se falar de "transferência de trabalho", pois mesmo sabendo-se que Fliess não pode seguir Freud em suas elaborações, o primeiro serviu de estímulo e bússola ao segundo, no importante trabalho de desbravamento do inconsciente.

A prática da supervisão foi objeto de efusivas discussões. Nossa pesquisa apontou diferentes pontos de vista e, logo, várias posições assumidas. Esse estado de fato é o resultado do surgimento de numerosas correntes psicanalíticas com práticas divergentes e, vale mencionar, algumas dissonâncias dentro de uma mesma corrente.

O tema da supervisão ainda hoje suscita numerosas questões, mas há uma que gostaríamos de evidenciar: *O que nós supervisionamos?* Essa questão capta suas duas vertentes: a do praticante que supervisiona sua clínica e a do analista que recebe em supervisão. Respostas surgiram, e a conclusão à qual chegamos mostra que elas não excluem umas às outras, de forma alguma, uma vez que a supervisão pode ter diversas funções, dentre as quais destacamos:

a) colocar questões relativas ao próprio analista, para uma retomada da análise pessoal;
b) destacar que um caso clínico pode ser construído como um caso psicanalítico;
c) discutir estratégias e táticas a serem implementadas, no caso de um tratamento difícil.

É necessário se perguntar, qualquer que seja o caso, se o que fazemos na prática corresponde ao que é a psicanálise. Em outras palavras, saber se o desejo do analista está em causa no trabalho, na medida em que um tratamento baseado na palavra pode facilmente se desviar para uma psicoterapia.

Escutar implica, de imediato, levar em conta o lugar do grande Outro: as palavras têm valor de interpretação. Mas, para sair desse círculo interminável da significação dada pelo Outro, o analista deve necessariamente se abster de interpretar somente na vertente do sentido. Com efeito, essa é a única condição em que o sujeito terá a possibilidade de perguntar o que quer o Outro, para, assim, se referir a sua própria castração. Acrescentemos que essa passagem só é possível se o desejo do analista estiver em pauta. Isso é devido a Freud ter aplicado a si próprio o método psicanalítico, e uma primeira experiência desse tipo pôde ter lugar.

As cartas de Freud a Fliess foram classificadas em função dos diferentes momentos percebidos ao longo dessa troca, e optamos por distinguir três grupos. O primeiro grupo corresponde às cartas em que Freud fala de seu sofrimento e de seus sonhos, na tentativa de encontrar em Fliess uma escuta que o permitisse encontrar uma solução para seus sintomas. Muitos têm chamado essa experiência de "autoanálise" de Freud, embora houvesse transferência. O amor de Freud para com Fliess está sinalizado nas cartas. Mantivemos o termo "autoanálise" porque o que diz ou interpreta Fliess sobre seu sistema delirante sobre sexualidade, por exemplo, não vem a obstruir as elaborações de Freud.

No segundo grupo, vimos que Freud tenta superar os impasses encontrados tanto em sua clínica quanto em sua "autoanálise".

No terceiro grupo está ilustrado o esforço freudiano para apresentar as situações clínicas por ele enfrentadas, colhendo qualquer conselho de seu interlocutor. Algumas passagens, muito valiosas, mostram como Freud procurou manter a direção do tratamento de acordo com a lógica de sua própria invenção. Todos os avanços teóricos saíam da clínica e a ela retornavam. Esse princípio nos orienta, ainda hoje, na prática da supervisão.

Após um período de reclusão, Freud retoma suas trocas com seus discípulos. É nesse momento que seu encontro com Ferenczi ganha lugar. Uma relação importante, pois tudo indica que Freud tentou colocá-lo em uma posição de analista a fim de resolver sua transferência com Fliess. Ferenczi não aceitou essa posição, e Freud tornou-se seu supervisor.

Traduções da obra de Freud para o francês, o italiano e o espanhol consagraram, nesses idiomas, o termo "controle". Por outro lado, a tradução para o português, feita a partir da tradução para o inglês, favoreceu o termo "supervisão", que ainda hoje é utilizado na comunidade psicanalítica.

Em países de língua espanhola e francesa, a distinção entre supervisão e controle é relativamente clara. Por um lado, o termo supervisão é reservado a uma prática em instituição – de saúde mental ou outra, mas sempre fazendo apelo à psicanálise para resolver um caso difícil – e, por outro, o termo controle é usado em situações particulares, em que um analista submete sua própria prática ao controle de outro analista. Neste último caso, não se trata somente de resolver um caso à luz dos instrumentos teóricos, mas também de questionar a posição do analista em sua relação aos princípios da psicanálise. Controle e supervisão se entrelaçam, uma vez que a supervisão pode produzir um efeito de controle no praticante de psicanálise.

Há cada vez mais demandas externas do meio social e/ou do Estado para um controle daquele que se autoriza como analista. Há também exigências internas, isto é, as das instituições psicanalíticas. Desde a criação do Instituto de Berlim, que Max Eitington tentou organizar e que teve repercussões na IPA, estabelecer critérios que permitam que alguém seja nomeado ou autorizado a ser um analista não é uma tarefa simples, por isso é compreensível que tenham surgido muitas tentativas de normalização e formação do analista.

Comprometemo-nos com o estudo de certos documentos quando Lacan ainda estava na IPA. Naquela época, havia uma questão política: os supervisionandos eram influenciados por seus supervisores. Foi por ocasião do seu "Retorno a Freud" que Lacan denunciou os desvios dentro da IPA. Pudemos verificar isso mais particularmente a partir dos documentos do Instituto ligado à Sociedade Psicanalítica de Paris, das mãos de Lacan e das discussões seguintes.

Esta tese assinala que as discussões resultantes dessas divergências entre Lacan e a IPA são questões da orientação freudiana, que oferece o tripé básico para a formação do analista. Esse tripé é baseado na interpretação do texto de Freud, na prática analítica e na supervisão, mas a supervisão necessariamente envolve a articulação dos dois primeiros elementos e intervém de forma decisiva na política da psicanálise.

No Brasil, a psicanálise de orientação lacaniana surtiu efeitos no campo da saúde mental: os locais de segregação ou de reclusão deram lugar a centros de atendimento, e essas instituições têm trabalhado para que pacientes classificados como necessitantes de asilo sejam apreendidos como sujeitos.

A supervisão nas instituições teve um efeito de retorno sobre a própria psicanálise, influenciando a formação dos psicanalistas de nossa época. Por exemplo, a apresentação dos pacientes, prática originada na psiquiatria clássica e praticada por Lacan, mostra os efeitos de formação sobre aqueles que a praticam e sobre aqueles que participam como público. Esses efeitos dizem respeito a dois aspectos: supervisão e controle.

Em 1975, durante o seminário sobre o sinthoma, Jacques Lacan referiu-se de maneira surpreendente àqueles que se autorizam a se tornar analistas: "Eles (os supervisores), com efeito, sempre têm razão"[1]. Essa declaração nos convoca a revisitar nosso percurso como supervisores de diversas equipes de educação e saúde mental, bem como de praticantes livres e como supervisionandos.

A prática de supervisão sempre foi acompanhada por perguntas sobre a responsabilidade que recai sobre aquele que está em posição de supervisor. As intervenções, sempre fundadas nos princípios da psicanálise e o papel fundamental de enviar o praticante para a formação psicanalítica, se tornaram pontos fundamentais à medida que acompanharam nossa experiência de supervisão, no âmbito do privado ou em instituição.

A supervisão nas instituições tem desempenhado um papel importante, a partir do momento em que pode levar a uma formação psicanalítica. Muitos daqueles que participaram dessas supervisões se tornaram analistas e compõem o anuário dos membros da Escola Brasileira de Psicanálise, a EBP. O efeito da formação é óbvio, mas não é suficiente para encerrar as questões.

No campo da saúde mental, assistimos, atualmente, a uma tentativa de descartar a psicanálise. De fato, o número de seus oponentes – e, entre eles, o de diretores de instituições – aumentou. Eles são encontrados onde a supervisão clínica foi amplamente praticada sob a influência de analistas da AMP. Esse fato, que atraiu nossa atenção, não nos surpreendeu na medida em que há certa confusão entre a subjetividade e o direito de todos, equívoco baseado em uma ideologia de igualdade. A psicanálise não leva em conta a diferença entre sujeito e cidadão. Em geral, nos serviços de saúde em que prevalece a promoção desse tipo de igualdade, a regra, imposta pelo capitalismo e pela globalização, é a hegemonia do mérito, da produtividade e do cientificismo.

Em instituições onde os chefes de serviço são orientados pela psicanálise, verificamos sua dificuldade em manter essa prática que enfatiza o que há de mais singular em cada um. Sua difícil luta é travada em nome de um princípio fundamental, o de não ceder à segregação – imposta pelos imperativos da normalização –, nem à avaliação, nem à qualificação da conduta humana, que definiria como todos deveriam ser. Vemos aqui o interesse pela prática de supervisão clínica e institucional atribuindo uma importância particular a esse exercício muito além da formação do analista.

Sabemos, desde Freud, que a psicanálise pode, às vezes, ocupar o lugar do salvador. Quando é convocada a defender a subjetividade em um contexto em que o autoritarismo prevalece, a psicanálise é aplaudida, mas, em funcionamentos igualitários, como em equipes de saúde que se acreditam representantes do direito do cidadão, tende a ser destituída. Ela é tida como fonte de discórdia entre os pares na medida em que a singularidade do paciente não se conforma aos ideais das equipes, ideais que deveriam lhe servir de referência.

Também convém lembrar o que nos parece essencial, que o discurso analítico deve permitir que outros discursos circulem livremente nas instituições nas quais ele está presente. Em outras palavras, o discurso analítico não se estabelece como um discurso natural como o do mestre, o da universidade e o do histérico. Discursos que tendem a se impor. Os praticantes que trabalham em instituições não devem se esquecer de que o discurso analítico é artificial, que acontece de maneira contingente. É nessa condição que o aspecto institucional da supervisão pode se tornar um campo fértil para a pesquisa e contribuir para a discussão sobre a formação do analista.

Também enfatizamos a supervisão vinculada à prática analítica não institucional, sobre a relação do analista àquele a quem está ligado por uma transferência de trabalho, a quem expõe sua prática a céu aberto.

No capítulo dois, "Lacan, formação e política da psicanálise", uma parte é dedicada às referências implícitas na supervisão em Lacan. Trabalhamos o artigo "A direção do tratamento e os princípios de seu poder" devido à importante mudança de Lacan em relação ao funcionamento da IPA, quando lançou as bases da prática analítica e, como resultado, as da supervisão. A discussão sobre a contratransferência tem um lugar privilegiado nesse texto. Para Lacan, não é a partir da contratransferência que se analisa, mas aquilo que está em jogo deve vir a ser a ocasião para o praticante retornar a sua própria análise, a fim de questionar sua posição de sujeito.

Freud disse que, para conduzir um tratamento, era necessário se esquecer daquilo que se aprendeu nos livros e com outros pacientes. Mais ainda, de esquecer o que aprendemos em sessões anteriores com o próprio paciente. Nessa perspectiva, a construção do caso clínico se faz apenas no *après coup* (no antes ou posteriormente).

A psicanálise tem uma nosologia própria, portanto, não podemos identificar os parâmetros de conduta do tratamento, pois, para cada paciente, existe um analista – um analista e seu estilo.

No final de sua tese, as elaborações de Lacan já apresentam o que ele vai propor no texto *princeps* "A direção do tratamento...". Mais tarde, após seu afastamento da IPA, Lacan desenvolveu sua tese do inconsciente estruturado como uma linguagem, articulou os registros do Simbólico, do Imaginário e do Real, inventou o objeto *a*. Os anos 70 viram-no focado na questão do Real. Essas diferentes elaborações, desde o início até o final de seu ensino, servem-nos como uma orientação implícita sobre a prática da supervisão.

Lacan propôs vários dispositivos para introduzir o ensino teórico no treinamento do analista. O Cartel, baseado na experiência de Bion e Richard, é um desses dispositivos. É uma possibilidade para articular a análise pessoal, o estudo teórico e a clínica. Podemos aproveitar a função do algo mais que o aproxima do supervisor.

A psicanálise avançou muito desde a proposta de 1967, sobre a análise pessoal e seu fim, já que o Passe veio destacar o que significa o final de uma análise. Lacan criou esse dispositivo no qual um analisante que chega ao fim de seu tratamento pode solicitar ao Cartel do Passe a verificação dessa fase. O Cartel julga se há uma nomeação de Analista da Escola (AE) ou não. É graças a Jacques-Alain Miller que os testemunhos de Passe se tornaram públicos e um material valioso para a formação dos analistas. Depois disso, não se parou de encontrar elaborações e avanços sobre o último ensino de Lacan. Trata-se do Sinthoma que revela o que não cessa de não se escrever, uma vez que aponta para um real impossível de ser escrito, mas que permanece à espera. A prática da supervisão também é orientada por esse real. Essa proposta de Jacques-Alain Miller colocou as escolas da AMP a trabalho do Real em jogo numa análise e em algumas evidências de Passe, a partir das quais podemos entender como as intervenções do analista podem servir como uma lição de supervisão.

No percurso analítico do AE, a transferência para o analista e, consequentemente, a tática adotada, é audível durante o testemunho. O que é transmitido pelo Passe devolve a cada analisante a responsabilidade de suportar sua relação com o real. Há uma articulação mais evidente do ensino teórico com a análise pessoal e com a supervisão, os três elementos do tripé da formação analítica. Essa articulação se estabelece caso por caso, cada um reenviando ao trabalho.

Para o AE, o Passe tem efeitos decisivos em sua prática analítica, efeitos de supervisão bastante demonstráveis. Mas quem está na posição de supervisor? O público, aquele que se deixa ensinar pelas lições do Passe e que, em seguida, deve fazer alguma coisa?

Foi feita uma pesquisa sobre a supervisão com analistas da AMP. Sobre as respostas às quatro perguntas que lhes foram enviadas, apresentamos algumas características marcantes. Não se pretende constituir um coletivo de analistas, ou um grupo homogêneo, mas transmitir aquilo que é, para cada um, uma prática tão singular quanto a supervisão.

a) se o analista só se autoriza de si mesmo, e essa autorização não é sem o Outro. Existe sempre um supervisor;

b) há uma suposição de saber da parte do supervisionando em relação ao supervisor. A supervisão pode ser feita com o analista do supervisionando;

c) na maioria dos casos, a supervisão é sistemática;

d) apenas um caso pode ser supervisionado em longo prazo e vários casos podem ser supervisionados em curto prazo;

e) a necessidade de supervisão está presente desde o início da prática, ou seja, não há prática sem supervisão e essa necessidade não está relacionada à complexidade do caso;

f) no começo, em geral, a supervisão é uma busca pelo conhecimento. Os jovens praticantes querem estabelecer o diagnóstico, construir o caso clínico e apoiar o lugar transferencial;

g) a supervisão se refere ao estudo teórico e à análise pessoal;

h) a análise pessoal tem efeitos importantes sobre a prática da supervisão;

i) o supervisor não privilegia nada, é mais o supervisionando que expõe o que lhe questiona;

j) a transição da posição de supervisionando para a de supervisor é contingente e vinculada à transferência;

k) os analistas em posição de supervisor continuam a submeter sua própria prática à supervisão;

l) a experiência do supervisor pode ser objeto de uma supervisão;

m) a supervisão pode enviar o supervisor de volta à análise pessoal;

n) supervisionar a própria prática significa ser responsável por sua formação teórica, isto é, ir e voltar aos textos de Freud e Lacan;

o) a prática de supervisão também afeta a clínica do supervisor;

p) o supervisor é responsável pela formação de seu supervisionando;

q) supervisionar produz os efeitos sobre o supervisor em relação a sua responsabilidade com a psicanálise;

r) a Escola é o destino dos resultados da supervisão;

s) a questão da Garantia da Escola de Lacan, a nomeação de um AME, se articula à prática de supervisão, tanto como supervisor como supervisionando.

Um grande passo à frente na questão da supervisão ganhou lugar no campo da psicanálise graças às várias produções e publicações, mas também aos princípios do ato analítico difundidos pela AMP, sob a coordenação de Eric Laurent[2].

Ao final deste percurso, defendemos a importância de manter a diferença entre supervisão e controle. A supervisão, termo muito mais utilizado no contexto institucional, prevê a construção do caso clínico, a elucidação do diagnóstico e a orientação do tratamento. Deve-se acrescentar que, no curso de uma supervisão, podem surgir questões relativas à supervisão, e os supervisores podem indicar bibliografia sobre conceitos psicanalíticos. Às vezes, a supervisão é solicitada por uma equipe que não conhece a direção psicanalítica do supervisor, o que se explica pelo fato de que o que está por trás do pedido de supervisão são indicações sobre a direção do tratamento. Quando se estabelece a supervisão, a transferência de trabalho orienta a escolha do supervisor.

A supervisão é basicamente um controle do ato analítico. Embora possa incluir elementos encontrados em uma supervisão, como os mencionados acima, o que deve ser verificado é que a conduta do tratamento cura está mais do lado da prática psicanalítica.

A prática da supervisão deve estar sujeita a verificação? É relevante considerar essa ideia se levarmos em conta o que Lacan elaborou sobre o final de análise e sobre o dispositivo do Passe? Com a proposta do Passe, Lacan surpreendeu a comunidade psicanalítica, mas também, apesar das lições que continuamos a tirar dela, foi – e ainda é – criticado.

Somos capazes de propor algo novo em relação à supervisão? Gabriela Dargenton, com audácia, fez a seguinte proposta, que nos parece interessante: que haja um dispositivo que controle a supervisão dentro de uma Escola[3]. Sua proposta ainda não foi posta em prática, já que ainda nada foi elaborado. De qualquer forma, a supervisão está vinculada aos critérios da garantia dada pela Escola, na medida em que é ela quem nomeia o AME.

O que é ser médico, filósofo ou pedagogo? Alguns Conselhos profissionais experimentam certo desconforto no momento de conceder um diploma a alunos que não tenham cumprido o mínimo exigido no contexto universitário. No Brasil, a Ordem dos Advogados estabelece uma prova submetida ao aluno no final dos estudos, com o objetivo de verificar a capacidade do candidato de articular os conhecimentos teóricos adquiridos ao longo de sua formação universitária, aos quais recorrerá durante sua prática cotidiana. O Conselho Federal de Medicina também se desperta para envolver os alunos nesse caminho.

É necessário, portanto, dar um passo adiante na questão da supervisão em psicanálise, pois esse avanço poderia constituir uma espécie de resposta ao social que requer, cada vez mais, que o tratamento seja justificado; isto é, o analista deve responder ao porquê e ao como isso funciona. Uma vez identificados os efeitos da supervisão, a psicanálise poderia estar a salvo daqueles que buscam eliminá-la. A supervisão, desde a era freudiana até o último ensino de Lacan, passando também pelas contribuições de outros autores, baseia-se nos princípios da psicanálise, principalmente o respeito à singularidade de cada sujeito, razão pela qual permanece viva.

NOTAS

Apresentação (Jésus)

1. Conclusão do autor, presente nesta obra, no subcapítulo "A supervisão clínica na instituição".
2. LACAN, Jacques. (1953) "Função e campo da fala e da linguagem". In: Escritos. Rio de Janeiro: Jorge Zahar ed. 1998. p. 254.
3. Ibid. p. 241.

Prefácio (C. Alberti)

1. Freud sustenta que suas leituras durante a adolescência foram essenciais para a introdução da ideia da livre associação, e, ao se pensar em uma origem "mítica" da técnica psicanalítica, aí poderia estar seu ponto fundamental.
2. 'Carta 42'. In: A correspondência completa de Sigmund Freud e Wilhelm Fliess 1887-1904. Edição de Jeffrey Moussaieff Masson. Rio de Janeiro: Imago, 1986. p. 73.
3. MILLER, Jacques-Alain. "O ponto de capitonê". In: Curso de orientação lacaniana, junho de 2017 (inédito).
4. Epígrafes da nota do autor, p. 19.
5. Cf. p. 71.
6. Cf. p. 78-79.
7. LACAN, Jacques. "Proposição de 9 de outubro de 1967 sobre o psicanalista da Escola". In: Outros escritos. Texto estabelecido por Jacques-Alain Miller (trad. Vera Ribeiro). Rio de Janeiro: Jorge Zahar Editor, 2003. p. 248-263.
8. LACAN, Jacques. "Discurso na Escola Freudiana de Paris". In: Outros escritos. Obra estabelecida por Jacques-Alain Miller (trad. Vera Ribeiro). Rio de Janeiro, Jorge Zahar Editor, 2003.
9. LACAN, Jacques. O seminário, livro II: o eu na teoria de Freud e na técnica da psicanálise. Rio de Janeiro: Jorge Zahar, 2ª edição. Texto estabelecido por Jacques-Alain Miller. 1985. p. 30.
10. Loc cit.
11. Inédito.

Nota do autor

1. SKRIABINE, Pierre. "Effets de vérité, effet-de-formation, savoir du psychanalyste". In: La Cause Freudienne, n° 52, 2002. p. 51.

Capítulo I

1. FREUD, Sigmund. "Dois verbetes de enciclopédia (A) Psicanálise". In: Obras completas. v. XVIII. Rio de Janeiro: Imago, 1969. p. 291.
2. FREUD, Sigmund. "A história do movimento psicanalítico". In: Obras completas. v. XIV. Rio de Janeiro: Imago, 1969. p. 26.
3. FREUD, Sigmund. "Uma nota sobre a pré-história da técnica de análise". In: Obras completas. v. XVIII. Rio de Janeiro: Imago, 1969. p. 316.
4. Ibidem, p. 317.
5. A correspondência completa de Sigmund Freud e Wilhelm Fliess 1887-1904. Edição de Jeffrey Moussaieff Masson. Rio de Janeiro: Imago, 1986. p. 27.
6. Ibid., p. 73.
7. Ibid., p. 84-85.
8. Ibid., p. 127.
9. Ibid., p. 151.
10. Ibid., p. 155.
11. Ibid., p. 159-160.
12. Ibid., p. 173.
13. Ibid., p. 271.
14. Ibid., p. 282.
15. Ibid., p. 304.
16. Ibid., p. 339.
17. Ibid., p. 369.
18. Ibid., p. 382.
19. Ibid., p. 430-431.
20. A tradução em português ressalta que Freud teria, talvez, tomado esse verso de um poema de Ernest Curtius. Esse poema foi provavelmente inspirado pela lenda citada no capítulo "Uber die Wasserfälle des Orinoco", de Ansichten der Natur, de Alexandre von Humboldt.
21. A correspondência completa de Sigmund Freud (...), p. 51.
22. Ibid., p. 65-66.
23 Ibid., p. 70.
24. Ibid., p. 74.
25. Ibid., p. 78.
26. Ibid., p. 82-83.
27. Ibid., p. 83.
28. Ibid., p. 120-121.
29. Ibid., p. 107.
30. Ibid., p. 135-136.
31. Ibid., p. 142.
32. Ibid., p. 144.
33. Ibid., p. 145.
34. Ibid., p. 147.
35. Ibid., p. 149.
36. Ibid., p. 164.
37. Ibid., p. 170.
38. Ibid., p. 208.

39. Ibid., p. 244.
40. Ibid., p. 266.
41. Ibid., p. 274.
42. Ibid., p. 312.
43. Ibid., p. 314.
44. Ibid., p. 346.
45. Ibid., p. 363.
46. Ibid., p. 364.
47. Ibid., p. 451.
48. Ibid., p. 457.
49. Ibid., p. 56.
50. Ibid., p. 57.
51. Ibid., p. 66.
52. Ibid., p. 74.
53. Ibid., p. 91-92.
54. Ibid., p. 96.
55. Ibid., p. 108.
56. Ibid., p. 117;119.
57. Ibid., p. 124.
58. Ibid., p. 149.
59. Ibid., p. 153.
60. Ibid., p. 155-156.
61. Ibid., p. 157-158.
62. Ibid., p. 179.
63. Ibid., p. 181.
64. Ibid., p. 182.
65. Ibid., p. 184.
66. Ibid., p. 192.
67. Ibid., p. 194.
68. Ibid., p. 195.
69. Ibid., p. 199.
70. Ibid., p. 203.
71. Ibid., p. 208.
72. Ibid., p. 218.
73. Ibid., p. 220-221.
74. Ibid., p. 244-245.
75. Ibid., p. 265-267.
76. Ibid., p. 269-270.
77. Ibid., p. 274.
78. Ibid., p. 279.
79. Ibid., p. 291.
80. Ibid., p. 306.
81. Ibid., p. 312.
82. Ibid., p. 314.
83. Ibid., p. 318.
84. A justiça, de Conrad Ferdinand Meyer, publicado em 1882.
85. A correspondência completa de Sigmund Freud (...) p. 329-330.

86. Ibid., p. 351.
87. Ibid., p. 365.
88. Ibid., p. 389.
89. Ibid., p. 391.
90. Ibid., p. 394.
91. Ibid., p. 410.
92. Ibid., p. 411-412.
93. Ibid., p. 419.
94. Ibid., p. 420.
95. Ibid., p. 448-449.
96. Ibid., p. 451.
97. Ibid., p. 454.
98. Ibid., p. 128.
99. Ibid., p. 191.
100. Ibid., p. 270.
101. Ibid., p. 301.
102. Ibid., p. 316.
103. Ibid., p. 328.
104. Ibid., p. 375.
105. Ibid., p. 381.
106. Ibid., p. 457.
107. Ibid., p. 466.
108. FREUD, Sigmund (1914-1916). "Contribuição à história do movimento psicanalítico". In: Obras psicológicas completas de Sigmund Freud: Edição Standard Brasileira. Rio de Janeiro: Imago Ed. 1974. v. 14. p. 36.
109. Ibid., p. 38.
110.   Sigmund Freud & Sándor Ferenczi: correspondência. Editado por Ernst Falzeder; Eva Brabant e Patrizia Giampieri. Revisão técnica e notas da edição brasileira de Marialzira Perestrello. Rio de Janeiro: Imago, 1994, v. I, tomo 1, p. 30.
111. Ibid., p. 85.
112. Ibid., p. 104.
113. Ibid., p. 105.
114. Ibid., p. 121.
115. Ibid., p. 139-140.
116. Ibid., p. 163.
117. Ibid., p. 166.
118. KATAN-BEAUFILS, Nancy. "Le contre-transfert ou l'angoisse de l'analyste". In: Le contre-transfert. Paris: Navarin, 1987. p. 11 (tradução nossa).
119. NICÉAS, Carlos Augusto. "R: Contratransferência, psicanálise e psicoterapia". In: Opção Lacaniana, n° 41, São Paulo: Ed. Eolia, 2004. p. 139.
120. A esse respeito, Carlos Augusto Nicéas ressalta que se trata de um momento muito importante no campo da psicanálise e o qualifica como momento de orientação não lacaniana.
121. HEIMANN, Paula. "XVI Congresso Internacional de Psicanálise de Zurich", apud NICÉAS, Carlos Augusto, op. cit.
122. LITTLE, Margareth. "'R'- A resposta total do analista às necessidades do

paciente". In: Opção Lacaniana, n° 41. Op. cit. p. 142.

123. Ibid., p. 165. A esse respeito, Nancy Katan-Beaufils nota que Little propõe que o supervisor seja aquele capaz de apontar para o analista-supervisionando aquilo que decorre do paciente em seu inconsciente (do analista). KATAN-BEAUFILS, Nancy. "Le contre-transfert ou l'angoisse de l'analyste". In: Le contre-transfert.

124. FREUD, Sigmund. "Contribuição à história do movimento psicanalítico". In: op. cit., p. 57.

125. FREUD, Sigmund. "Prefácio a Addresses in Psycho-Analysis, de J.J. Putnam". In: Obras completas. Rio de Janeiro: Imago, 1969. v. 18, p. 325.

126. FREUD, Sigmund. (1912) "Recomendações aos médicos que exercem a psicanálise". In: Obras psicológicas completas de Sigmund Freud: Edição Standard Brasileira. Rio de Janeiro: Imago, 1996.

127. FREUD, Sigmund. "Contribuição à história do movimento psicanalítico". In: Obras psicológicas completas de Sigmund Freud: Edição Standard Brasileira. Rio de Janeiro: Imago Ed. 1974. v. 14. p. 75.

128. ROUDINESCO, Elisabeth; Plon, Michel. Dicionário de psicanálise. Rio de Janeiro: Jorge Zahar, 1998.

129. FREUD, Sigmund (1919). "Sobre o ensino da psicanálise nas universidades". In: Obras psicológicas completas de Sigmund Freud: Edição Standard Brasileira. Rio de Janeiro: Imago Ed. 1976. v. 14. p. 217.

130. Ibid., p. 219.

131. Loc. cit.

Capítulo II

1. LACAN, Jacques. "Posição do inconsciente". In: Escritos (trad. Vera Ribeiro). Rio de Janeiro: Jorge Zahar Editor, 1998, p. 848.

2. LACAN, Jacques. "Situação da psicanálise e a formação do psicanalista em 1956". In: Escritos. Op. cit.

3. LACAN, Jacques. "Ato de fundação". In: Outros escritos. Obra estabelecida por Jacques-Alain Miller (trad. Vera Ribeiro). Rio de Janeiro, Jorge Zahar Editor, 2003.

4. Ibid., p. 235.

5. Ibid., p. 246.

6. LACAN, Jacques. "Proposição de 9 de outubro de 1967 sobre o psicanalista da Escola". In: Outros escritos. Op. cit.

7. Ibid. p. 264.

8. LACAN, Jacques. "Discurso na Escola Freudiana de Paris". In: Outros escritos. Op. cit.

9. Documento datado de 1975 distribuído aos membros da AMP durante congresso realizado em Paris no ano de 2002.

10. LACAN, Jacques. "Carta de dissolução". In: Outros escritos. Op. cit.

11. LACAN, Jacques. "A direção do tratamento e os princípios de seu poder", In: Escritos. Op. cit.

12. LACAN, Jacques. "Collaboration à la rédaction du rapport de la Commission de l'Enseignement de la Société Psychanalytique de Paris: 'Les

conseillers et les conseillères d'enfants agrées par la Société Psychanalytique de Paris"'. In: Revue Française de Psychanalyse, v. XIII, n° 3, 1949.

13. Ibid. p. 439 (tradução nossa).

14. Ibid. p. 441.

15. Ibid. p. 426.

16. Ibid. p. 427.

17. Ibid. p. 429.

18. Loc. cit.

19. Ibid. p. 430.

20. Ibid. p. 433.

21. Ibid. p. 434.

22. LACAN, Jacques. "Carta a Rudolph Loewenstein de 14 de julho de 1953" (trad. Paulo Sérgio de Souza Jr.). In: Lacuna: uma revista de psicanálise. São Paulo: n° -1, 2016. p. 13. Disponível em https://revistalacuna. com/2016/05/22carta-de-jacques-lacan-a-rudolph-loewenstein/.

23. Loc. cit.

24. Loc. cit.

25. LACAN, Jacques. "Lettre de Jacques Lacan à Heinz Hartmann". In: La scission de 1953, (Supplément à Ornicar?), n° 7, 1976. p. 136-137 (tradução nossa).

26. LACAN, Jacques. "Discurso de Roma". In: Outros escritos. Op. cit.

27. Ibid., p. 151-152.

28. LACAN, Jacques. "Função e campo da fala e da linguagem em psicanálise". In: Escritos. Op. cit.

29. Ibid. p. 241.

30. Ibid. p. 254.

31. Ibid. p. 279-280.

32. Ibid.

33. LACAN, Jacques. "Variantes do tratamento-padrão". In: LACAN, Jacques. Escritos. Op. cit. p. 329. (nesse excerto, as frases entre aspas são citações feitas por Lacan no artigo "Technique de la psychanalyse", de Edward Glover).

34. LACAN, Jacques. "Introdução ao comentário de Jean Hyppolite sobre a Verneinung de Freud". In: Escritos. Op. cit.

35. Ibid., p. 376.

36. LACAN, Jacques. Curriculum présenté pour une candidature à une direction de psychanalyse à l'école des Hautes études. In: Bulletin de l'Association Freudienne, n° 40, p. 6 (tradução nossa).

37. LACAN, Jacques. "Ato de fundação". In: Outros escritos. Op. cit.

38. Ibid., p. 235.

39. Ibid., p. 236.

40. Ibid., p. 237.

41. Ibid., p. 241.

42. LACAN, Jacques. "Discurso na Escola Freudiana de Paris". In: Outros escritos. Op. cit. p. 267.

43. Ibid., p. 271.

44. LACAN, Jacques. "Interventions sur l'exposé de A. Didier et M. Silvestre: 'À l'écoute de l'écoute'". In: LACAN, Jacques. Lettres de l'École freudienne, n° 9,

1972. p. 175. (tradução nossa).

45. LACAN, Jacques. Présentation et interventions sur l'exposé de S. Zlatine. "Technique de l'intervention: incidence de l'automatisme de répétition de l'analyste". In: Lettres de l'École Freudienne, n° 9, 1972.

46. Loc. cit.

47. LACAN, Jacques. "Intervention à Milan à la Scuola freudiana". In: Parue dans l'ouvrage bilingue: Lacan in Italia 1953-1978. Milan: La Salamandra, 1978 (tradução nossa).

48. LACAN, Jacques. O seminário, livro XXIII: o Sinthoma (texto estabelecido por Jacques-Alain Miller). Rio de Janeiro: Jorge Zahar Editor, 2007.

49. LACAN, Jacques. Conferência na Universidade de Columbia, 1º de dezembro de 1975, auditório da Escola de Assuntos Internacionais. In: Lacan in Noth Armorica. [recurso eletrônico]/Frederico Denez; Gustavo Capobianco Volaco (Orgs.). Porto Alegre: Editora Fi, 2016. p. 73.

50. LACAN, Jacques. O seminário, livro I: os escritos técnicos de Freud (texto estabelecido por Jacques-Alain Miller). Rio de Janeiro: Jorge Zahar Editor, 1986, p. 24.

51. FREUD, Sigmund. "La dynamique du transfert". In:_____. La technique psychanalytique, Paris, PUF, 1999.

52. LACAN, Jacques. O seminário, livro I: os escritos técnicos de Freud. Op. cit., p. 63.

53. Ibid., p. 90.

54. Ibid., p. 90.

55. Ibid., p. 190.

56. LACAN, Jacques. O seminário, livro II: o eu na teoria de Freud e na técnica da psicanálise (texto estabelecido por Jacques-Alain Miller). Rio de Janeiro: Jorge Zahar Editor, 1985. p. 212.

57. LACAN, Jacques. O seminário, livro VII: a ética da psicanálise (texto estabelecido por Jacques-Alain Miller), Rio de Janeiro: Jorge Zahar Editor, 1997.

58. LACAN, Jacques. A identificação: seminário 1961-1962, aula de 20 de dezembro de 1961 (Trad. Ivan Corrêa; Marcos Bagno). Recife: Centro de Estudos Freudianos do Recife, 2003. p. 83.

59. Ibid., aula de 10 de janeiro de 1962. p. 113.

60. Ibid., aula de 13 de junho de 1962. p. 398

61. LACAN, Jacques. O seminário, livro X: a angústia (texto estabelecido por Jacques-Alain Miller). Rio de Janeiro: Jorge Zahar Editor, 2005, p. 26.

62. Ibid., p. 81-82.

63. Ibid., p. 115.

64. LACAN, Jacques. O seminário, livro XI: os quatro conceitos fundamentais da psicanálise (texto estabelecido por Jacques-Alain Miller). Rio de Janeiro: Jorge Zahar Editor, 2008.

65. LACAN, Jacques. Problemas cruciais para a psicanálise: seminário 1964-1965. Aula de 9 de junho de 1965. Publicação não comercial exclusiva para os membros do Centro de Estudos Freudianos do Recife (Trad. Cláudia Lemos, Conceição Beltrão Fleig, Dulcinéa de Andrade L. Araújo et.al). p. 407.

66. LACAN, Jacques. "L'objet de la psychanalyse", aula de 8 de junho de 1966, inédito (tradução nossa).

67. LACAN, Jacques. "A lógica do fantasma". Seminário 1966-1967. Lição 23, de 14 de junho de 1967 (trad. Letícia P. Fonsêca). Publicação não comercial exclusiva para os membros do Centro de Estudos Freudianos do Recife. Recife: 2008. p. 417-418.

68. Ibid. Lição de 21 de junho de 1967. p. 438.

69. LACAN, Jacques. O seminário, livro XV: o ato psicanalítico. Aula de 6 de dezembro 1967 (tradução nossa). Inédito

70. LACAN, Jacques. O seminário, livro XXIII: o Sinthoma. Op.cit., p. 18.

71. Ibid., p. 151.

72. LACAN, Jacques. O seminário, livro XXIV: l'insu que sait de l'une bévue s'aille à mourre. Seminário de 11 de janeiro de 1977 (texto estabelecido por Jacques-Alain Miller), inédito.

73. Ibid., s/p. (tradução nossa).

74. LACAN, Jacques. "Conférences et entretiens dans des universités nord-américaines". In: Scilicet 6/7, 1976. p. 42.

75. LACAN, Jacques. "A direção do tratamento e os princípios do seu poder". In: Escritos. Op. cit. p. 591.

76. MILLER, Jacques-Alain. "Chronologie sans phrase de la scission de 1953". In: La Scission de 1953. Paris: Navarin Éditeur, 1990. p. 9 (tradução nossa).

77. LACAN, Jacques. "A direção do tratamento e os princípios do seu poder". In: Escritos. Op. cit., p. 649.

78. Ibid., p. 585.

79. NACHT, Sacha. "La thérapeutique psychanalytique". In: La psychanalyse d'aujourd'hui, sob a direção de Sacha Nacht. Paris: PUF, 1968. p. 134 (tradução nossa).

80. LACAN, Jacques. "A direção do tratamento e os princípios do seu poder". In: Escritos. Op. cit., p. 591.

81. Loc. cit.

82. Ibid., p. 593.

83. Loc. cit.

84. NACHT, Sacha. "La thérapeutique psychanalytique". In: Op.cit., p. 135-136 (tradução nossa).

85. LACAN, Jacques. "A direção do tratamento e os princípios do seu poder". In: Escritos. Op. cit., p. 595.

86. Ibid., p. 592.

87. Ibid., p. 591.

88. LACAN, Jacques. O seminário, livro X: a angústia. Op. cit., p. 180.

89. LACAN, Jacques. "A direção do tratamento e os princípios do seu poder". Op. cit. p. 594.

90. Ibid., p. 597.

91. Ibid., p. 599.

92. Loc. cit.

93. Ibid., p. 601.

94. Ibid., p. 604.

95. Ibid., p. 613-614.

96. Ibid., p. 635.

97. Ibid, p. 640.

98. Ibid., p. 643.

99. LACAN, Jacques. "Subversão do sujeito e dialética do desejo no inconsciente freudiano". In: Escritos. Op. cit.

100. LACAN, Jacques. "A direção do tratamento e os princípios do seu poder". In: Escritos. Op. cit., p. 647.

101. Ibid., p. 648.

102. Ibid., p. 649.

Capítulo III

1. MILLER, Jacques-Alain. "Une fantaisie". In: Mental, n° 5, 2005.

2. LACAN, Jacques. "Allocution sur l'enseignement". In: LACAN, Jacques. Outros escritos. Op. cit.

3. LACAN, Jacques. "Televisão". In: Outros escritos. Op. cit., p. 513

4. MILLER, Jacques-Alain. "Psicanálise pura, psicanálise aplicada versus psicoterapia". In: Phoenix, Revista da Delegação Paraná da Escola Brasileira de Psicanálise, n° 3, p. 19.

5. SOLANO, Luis. "Le successeur". In: Qui sont vos psychanalystes?,Sob a direção de Jacques-Alain Miller. Paris: Seuil, 2002. p. 271 (tradução nossa).

6. CAPS – Centro de Atenção Psicossocial. Secretaria de Saúde do Estado de São Paulo.

7. Esse texto se refere a uma experiência institucional, coordenada por Marilsa Basso, que tomou forma a partir de minhas intervenções como controlador da instituição e com a colaboração do responsável pela Apresentação de Pacientes da época.

8. GARCIA, Célio. Psicanálise, Psicologia, Psiquiatria e Saúde Mental: interfaces, Belo Horizonte: Ophicina de Arte & Prosa, 2002, p. 103.

9. BRODSKY, Graciela. "A ação lacaniana". In: Opção Lacaniana, n°38. São Paulo: Edições Eolia, 2003. p. 4.

10. VIGANÓ, Carlos. "A prática cura a saúde mental". Conferência proferida em Belo Horizonte/MG em 2002. Inédito.

11. FREUD, Sigmund. (1930 [1929]) "O mal-estar na civilização". In: Obras completas, v. XXI, Rio de Janeiro, Imago, 1987. p. 91.

12. VIGANÓ, Carlos. "O uso da transferência na instituição". Conferência proferida na Itália em 1996. Inédito.

13. LACAN, Jacques. O seminário, livro XVII: o avesso da psicanálise. Rio de Janeiro: Jorge Zahar Editor, 1992. p. 85.

14. VIGANÓ, Carlos. "A clínica psicanalítica na prática institucional". In: Opção Lacaniana - Revista Brasileira Internacional de Psicanálise, n°38, São Paulo. 2003. p. 80.

15. LAURENT, Éric. "Dois aspectos da torção entre sintoma e instituição". In: Os usos da psicanálise: primeiro encontro americano do Campo freudiano. Rio de Janeiro: 2003. p. 91.

16. MILLER, Jacques-Alain. "Uma fantasia". In: Opção Lacaniana: Revista Brasileira Internacional de Psicanálise, n° 42. São Paulo: 2005. p. 9.

17. MATTOS, Sérgio de. "O uso da psicanálise em uma instituição invisível". In: Opção Lacaniana, n° 38, op. cit., p. 39.

18. Nome fictício.

19. BASSO, Marilsa. Projeto de DEA, Département de Psychanalyse da Université Paris 8, inédito (tradução nossa).

20. Idem.

21. VIGANÓ, Carlos. "A clínica psicanalítica na prática institucional". In: Opção Lacaniana, n° 38, op. cit., p. 76.

22. VIGANÓ, Carlos. "O uso da transferência na instituição". Conferência proferida em Mendrizio, Itália, em 1996. Inédito (tradução nossa).

23. Título da conferência de Jacques-Alain Miller em Comandatuba, no IV Congresso da AMP, 2004. Inédito (tradução nossa).

Capítulo IV

1. VIEIRA, Marcus André. "O analista multiuso (ou o santo e o objeto)". In: Latusa, n° 14. Rio de Janeiro: EBP-Rio, 2009. p. 23-38.

2. MILLER, Jacques-Alain. "As contra-indicações ao tratamento psicanalítico". In: Opção Lacaniana, n° 25. São Paulo: Ed. Eolia, 1999 (esse texto retoma o exposto por Jacques-Alain Miller no Segundo Congresso Internacional de Psiquiatria Francófona, ocorrido em Paris em 13 de dezembro de 1997).

3 MILLER, Jacques-Alain. A psicose ordinária: a convenção de Antibes. Belo Horizonte: Scriptum Livros, 2012. p. 365.

4. LACAN, Jacques. "Lacan pour Vincennes". In: Ornicar?, n° 17/18, 1979. p. 278.

5. LACAN, Jacques. "Em direção do tratamento e os princípios de seu poder". In: Escritos, Op. cit.

6. LAURENT, Éric. "Há algo de novo nas psicoses". In: Curinga, Revista da Escola Brasileira de Psicanálise, n° 14. Minas Gerais: 2000. p. 152-163.

7. MARUCIO, Veridiana. Texto apresentado durante o Congresso "A psicanálise e a saúde mental", no Rio de Janeiro, em 2008. Inédito.

8. Essa questão surgiu durante um encontro de orientação com Marie-Hélène Brousse, no curso da elaboração do trabalho conclusivo do Master II, na Universidade de Paris 8, em 2009, intitulado "O lugar da supervisão na formação do psicanalista e seus desenvolvimentos na prática clínica atual.

9. Idem.

10. LACAN, Jacques. O seminário, livro VII: a ética da psicanálise (texto estabelecido por Jacques-Alain Miller), Rio de Janeiro: Jorge Zahar Editor, 1997.

11. GOROSTIZA, Leonardo. "El arte del controle". Relatório da FAPOL, EOL, outubro de 2013.

Conclusão

1. LACAN, Jacques. O seminário, livro XXIII: o Sinthoma. Op. cit., p.18.

2. LAURENT, Éric. "Principes directeurs de l´acte psychanalytique". Pronunciamento durante a Assemblée Générale de l'AMP, em 16 de julho de 2006. Disponível em: http://www.causefreudienne.net/principes-directeurs-de-lacte-psychanalytique/.

3. DARGENTON, Gabriela. La Lettre Mensuelle, n° 191, 2000. p. 39-42.

1ª EDIÇÃO [2019]

Esta obra foi composta em Minion Pro e Din sobre papel
Pólen Soft 80 g/m² para a Relicário Edições.